JN241745

知的障害や発達障害のある人との
コミュニケーションのトリセツ

坂井 聡
Sakai Satoshi

エンパワメント研究所

はじめに ●●●●●●●●●●●●●●●●●●●●●●●●●●●●●●●●●●●

　「あなたに障害はありますか？」と聞かれたら、あなたはどう答えるだろうか。答えに窮する人も多いはずである。なぜだろうか。研修会の時に、特別支援学校の先生や特別支援学級の先生、施設の指導員や支援員として仕事をしている人たちに同じことを聞いてみるようにしている。

　「視力がよくないので、メガネやコンタクトがないと見えないので、障害があると思います」と答える人もいれば「診断を受けていないので障害はありません」と答える人もいる。そこで、もう一つ質問をということで「障害とは何ですか？」と聞いてみる。すると「困っていることです」「支援がないとできないことです」「苦手なことです」と返ってくる。

　「そうだとすると、あなたにも何か障害があるのではありませんか？」と聞き返す。すると「そうですね」となって、それ以上議論が深まらなくなってしまうこともしばしばである。障害のある人たちと普段仕事で接しているにもかかわらず、障害ということを十分に説明できないまま仕事をしている人がなんと多いことか。このままだと「ボーっと生きてるんじゃねーよ！」とはやりのキャラクターに叱られてしまうかもしれない。

　本書では、障害があるということはどういうことなのだろうかと考えながら、知的障害やASD*などの発達障害のある人たちと関わる際の配慮等について提案する。この提案をとおして、知的障害のある人やASDなどの発達障害のある人の持つ障害とは何かということについても明らかにしたい。

　これまで、学校や病院等での相談場面で様々な人と出会ってきた。そこでは「生きている意味がない。どうすればよいですか」「も

うこれ以上頑張れない。どうすればよいですか」と言う人の相談も受けていた。様々なことに悩んで、相談に来る人が多いことには少々驚かされた。半年ごとに予約を取ってもらうようにしていたのだが、その予約が一日で埋まることもあったからである。まるでコンサートのチケットを電話予約するような感じである。緊急を要する場合の相談などはできないのが現実だった。

　相談に来る者の多くは、社会になんとか適応しようとして努力してきたけれど、うまくいかないことを実感していたり、このままでは自分の将来が不安で、今のうちに力をつけたいのだが、どうしていいのかわからないと悩んでいたりしていた。いくら考えても結果が出ないため、そのうちに、生きている意味がない、もうこれ以上頑張れないという答えに行き着いてしまっているようだった。

　話を聞いていると、これまでも十分頑張って生きてきた人だとわかる。そのような人たちが、なぜ、これ以上頑張らなくてはならないのか。その必要があるのか。「頑張れ！ 頑張れ！」「頑張れない者は報われない」「頑張れないやつは人間として失格だ」と思い込んでいる人が多すぎるのではないか。多くの相談者が、それに応えてもらえないために、相談に来ていたのである。

　果たしてこのままでよいのか。「頑張れ、頑張れ」と連呼される社会では、私のところに来る相談者は増える一方である。「頑張れ」ではなく、頑張れなくても、一人でできなくても、支援を受けながら自己実現を目指してもよいよと、伝える必要があるのではないか。だれもが、今の状態で尊厳ある人として認められ、夢や希望を語ることができる環境を作らなくてはならないのであ

る。周囲の人に存在が認められていると実感しながら生きていく社会を実現しなければならない。そして、だれもが「生まれてきてよかった」ということができるような社会にしていく必要がある。

　そのような社会を作るには、それぞれがコミュニケーションを取りながら、歩み寄ることが重要である。そこで、本書「知的障害や発達障害のある人とのコミュニケーションのトリセツ」を世に出すことにした。トリセツとしたのは、コミュニケーションすることに困らない人が、相手に合わせることができるように、具体的な方法を提案したかったからである。

　本書では、コミュニケーションを双方向で楽しむための工夫や方法を示したつもりである。本書でヒントを見つけて、お互いが楽しくやり取りできるようにするためにどうすればよいのかを考えてもらいたいと思う。

坂井　聡

＊ ASD（Autism Spectrum Disorder の略）
自閉スペクトラム症と呼ばれる。他者とのコミュニケーションが難しく、特定のものにこだわることが多い。知的能力に影響されるものではなく、知的障害のある人から知的には非常に高い人までいる。知的障害のない人は高機能自閉症、アスペルガー症候群とも呼ばれる。中枢神経系の発達的な偏りによって生じるもので、生まれ持った気質である。

もくじ

1章

支援するとは
どういうことか

# ① ノーマライゼーションが変えた自立観

当たり前の生活を送るということ

「あなたは自立していますか」と聞くと、ほとんどの人が「親と同居していて、親に助けてもらっているので、まだ自立できていません」「周囲に助けてもらっているので、自立できていません」と答える。この自立観は、持っている力を訓練等によって最大限に伸ばし、一人でできることを増やし自立につなげるという考え方である。このような考え方が、まだ、一般的なようである。しかし、このような自立観を持っていると、すべての人が自立できなくなってしまうことになる。

重度の知的障害のある人の場合は、一生だれかに支援してもらう必要があるため、最初から自立できないということになってしまう。つまり、従来の自立観では、重度の知的障害のある人は、自立することは無理だったのである。ところが、ノーマライゼーションの考え方は自立観を大きく変えた。現在では、持っている力は教育や訓練によって伸ばすが、できない部分は周囲から支援を受けながらでも、ごく当たり前の生活を送ることが自立であるとする自立観になっている。

また、社会福祉基礎構造改革の骨子には、社会福祉の理念として、個人が尊厳を持ってその人らしい自立した生活が送れるよう支えることが挙げられている。読み替えてみると、対象となるその人が尊厳を持って生きることを支えることが自立を支えることになる。つまり、自立とは、周囲の人がその人の存在を認め、周囲の人に認められながら、尊厳ある人としてその人らしく生きることと言えるの

である。

　しかし、まだ、いろいろなことを克服して頑張らなければならないと考えている人は多い。学校でも施設でも多くの人が「頑張りましょう」「頑張ってください」「頑張れます」と一日に何回も言っている現実がある。なぜならば「学校では頑張ってお勉強しましょう」「掃除を頑張りましょう」「頑張って給食を食べましょう」などのことばを頻繁に聞くからである。いちいちあげていたら、枚挙にいとまがない。

　学校の先生で「頑張りましょう」と言わないで一日過ごしたことがある人はいないのではないか。なぜ、これだけ「頑張れ」と言われなければならないのだろう。ことばを真面目に聞いて受けとめる子どもには耐えがたいことであろう。

　やれるところまでやってみたが、無理なものは無理だと言って、支援を受けることは恥ずかしいことでも何でもないはずである。しかし、日頃の生活で出会う人たちができることは、だれもができることなので、できて当たり前、できるようにならなければならないと考えて、頑張り続けている人は多い。このことが必ずしも無駄なこととは言わないが、別のことに力を注いだ方がよいのではないかと思うことがしばしばある。

その人にあった適切な支援

　ところで、支援を受けながらもごく当たり前の生活をと考えたとき、どのような支援が必要なのか。図1は対象となる人それぞれで支援のあり方が違うということを表したものである。その人の持っている力やそれを発揮する場が違えば支援の量が違うということを示している。だれもが同じように一律の支援を受けたとしても、それが、その人にとってごく当たり前の生活につながるかといえばそうではない。その人に合った適切な支援でなければ、その人の当た

図1　支援の矢印

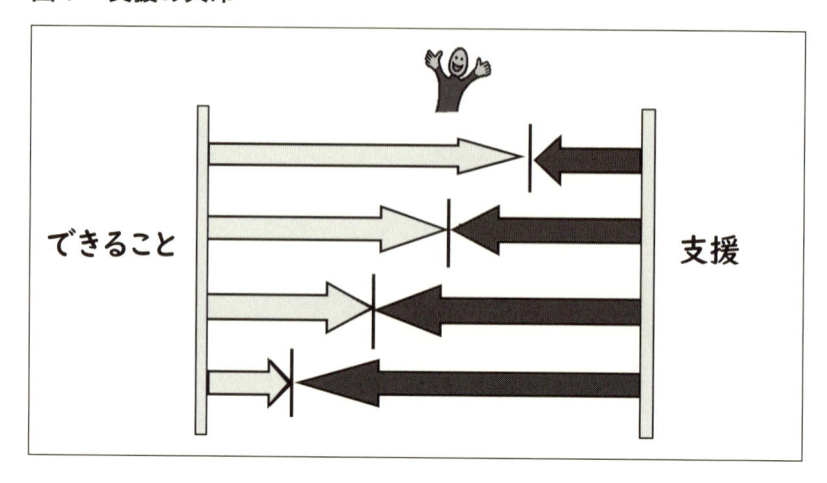

り前の生活にはつながらないということなのである。

　では、このような自立観の変化に対応するためにどのような支援が考えられるのか。一人ひとりにあった支援が必要であると言われても、どのようにすればよいのかがわからない人もいるであろう。ちょっと視点を変えて考えてみてはどうだろうか。視点を変えることで見えてくるものがあるはずである。

 # ICIDH から ICF へ

「頑張り」が求めれていた背景

　障害について本書の考え方を述べる前に、障害についてその考え方を整理しておく。障害があるとはどういうことかを考えるうえで参考になるのが、WHO（世界保健機関）の国際障害分類である。これは1980年に発行されたもので、ICIDH（International

Classification of Impairments, Disabilities and Handicaps）と呼ばれている。ICIDH では、図2のように障害を機能形態障害（Impairment）、能力障害（Disability）、社会的不利（Handicap）というように分類している。

　たとえば、知的に発達的な遅れ（機能形態障害）があるため、お金の計算が正確にできない、数字を正確に読むことができない、適切な金額を出すことができない（能力障害）。その結果、お金の計算ができず支払いができないため、一人で買い物に行くことができない（社会的不利）というように分けて考えていたのである。この障害観は、医療、教育、福祉の役割を考えるうえでは便利であった。機能形態障害は医療で、能力障害は教育で、社会的不利は福祉でというように分けることができたからである。

　しかし、ICIDH の概念では、社会的不利から能力障害、機能形態障害に後戻りすることはできなかった。機能形態障害から能力障害、社会的不利へという一方通行の流れだけを意味していたのである。つまり、知的障害があるために被る社会的不利は、能力障害を克服すれば解決できるとしていたのである。それゆえ、できないことは、訓練によって改善し、能力障害を克服する。その結果として社会的不利な状況は改善されると考えて作られたものだったのである。

　このような考え方だと、能力障害を克服できない人は、いつまでたっても社会的不利を被ることになる。その結果、個人の頑張

図2　ICIDH の概念図

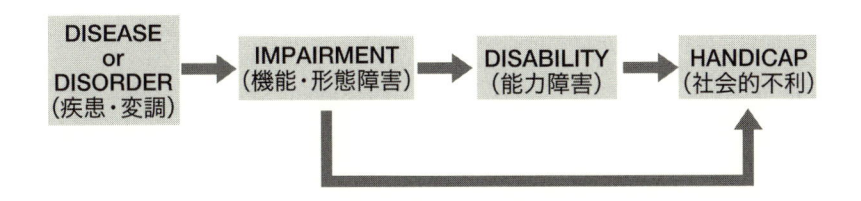

図3 ICF の概念図

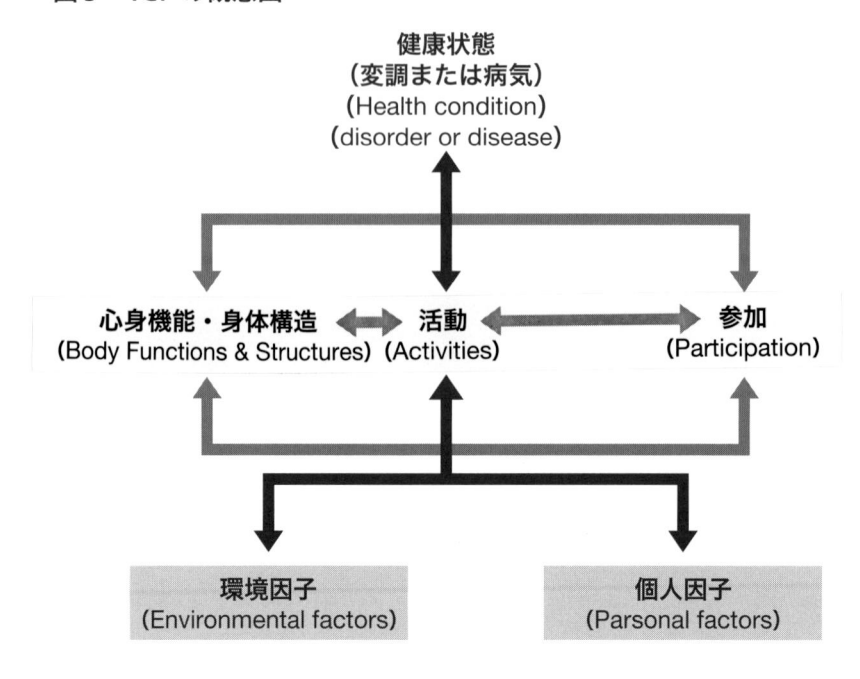

りだけを求めることになってしまう。このように、ICIDH は、その人が生活する環境が考慮されていなかったので、環境が与える影響は反映されていなかったのである。そこで、WHO は ICIDH では十分に表すことができない部分を改善し、2001 年に ICIDH を改訂した国際生活機能分類を公表した。国際生活機能分類は ICF（International Classification of Functioning, Disability and Health）と呼ばれている（図3）。

参加・活動のための環境づくりが必要

ICF では、ICIDH で使われていた、機能形態障害（Impairment）、能力障害（Disability）、社会的不利（Handicap）という用語に代わって、心身機能・構造（Body Functions and Structure）と活動

（Activity）と参加（Participation）が使われている。そしてここでは、生活機能と障害について、次のように説明している。「生活機能と障害は、心身機能と構造、個人レベルの活動、社会への参加の次元を表す包括的用語として用いられる。障害は、健康状態と背景因子との相互作用ないしは複雑な関係と考える」と。わかりやすく説明すると、参加できない状態や活動できない状態が障害がある状態であると言っているのである。つまり、参加できたり活動できたりすれば、障害はなくなることになる。そのための考え方についても、この図は示している。それは、活動や参加に影響を与えているのは、個人因子だけではなく、環境因子が大きく影響しているということである。

　たとえば、視力の場合、周囲のものを見えるようにするために眼鏡を使ったり、コンタクトレンズを使ったりしている人は多い。仮に、眼鏡やコンタクトレンズが使えない環境だとしよう。そうなると、これまでできていた車の運転や自転車の運転はできなくなる。このような状態は、障害（一般的に言われている）を経験したことになるのである。多くの人は、眼鏡やコンタクトが使える環境があるから、参加できたり活動できたりしているのである。参加、活動できるようにするためには、環境を整えることが必要であることをこの図は示しているのである。

障害はだれもが経験するもの

　もう一つ重要なことをこの図は表している。それは、図3の概念図では、それぞれの要素をつないでいる矢印が一方向ではなく双方向になっている点である。それぞれが双方向の矢印で結ばれているということは、それぞれの要素が、お互いに影響し合っていることを示している。一つの要素が変われば、関係する他の要素も変えてしまう可能性があることを示しているのである。

そして、このICFの考え方で特に重要なのは、この概念はすべての人に当てはまるということである。参加できない状態や活動できない状態は、生活していたらだれもが経験する。障害はだれもが経験するものであることをICFは表している。障害のある人は特別な人ではない。もう一度繰り返す。障害はだれもが持ちうるものである。ICFの公表によって、障害の概念は大きく変わったということである。

「あなたに障害はありますか？」と聞かれたら「障害はだれもが経験するものになったのですよ。当然私も経験しますよ。あなたもね」と答えればよいということなのである。

③ 障害があると言われたら なぜ、抵抗感を持つのか

上下の問題として考えない

「障害がありますか」と問われたら「そんなこと言われても」と感じる人は多いだろう。ないと思っていても「ない」と答えたら、障害のある人に対して失礼に当たるのではないかとか。何やら区別しているようでいい気がしないなどの考えが、頭をよぎるからであろう。

なぜ、このように考えてしまうのだろうか。

あなたは、自分が恵まれている環境にあるということを確認するために、あえて、自分たちよりも下の人たちを作ることによって、その環境を確認していないだろうか。たとえば「食べることができない人もいるのだから、給食があるだけでも感謝して食べなさい。だから残すことがないように」と言われたり「学校に行けるだけでも感謝しなさい。世界には学校に行きたくても行けない人がいるの

だから」などと言われたりしたことはないだろうか。自分より下の人たちをあえて作って、自分は恵まれていると感じるようになっていないだろうかということである。このような比較の仕方は、心理学では下方比較という。これが、障害のある人たちに対しても働いているのではないかということである。そのため、障害があるということを認めることは、周囲の人たちに比べたら下に見られると感じるため、障害があるとは言われたくないということになるのである。

　しかし、障害を考えるとき、それを上下の問題として考えてはならない。上下の問題で考えているうちは、いろいろなものが解決されないままである。下にあるものは、容易に上がってくることができないのである。支援を受けた方がよい場面でも、支援を受けること自体に抵抗を感じてしまうからである。支援を受けながらでも社会参加することは恥ずかしいことでもなんでもないと、多くの人が理解する必要がある。そのためには、障害があるとかないとかいう考え方をするよりも、参加できる、活動できる状態と、参加できない、活動できない状態という左右の問題として考えることができるようにしていかなければならないのである。ICFの考え方が示すとおり、参加できる環境や活動できる環境を作ることが重要なのである。障害を考えるうえで、このことは忘れてはならないであろう。

④ 障害があるとは どういうことなのか

障害は環境の側に

　ICFが公表されてから障害の概念が大きく変わり、障害は経験す

るものになったということはわかる。といっても、まだ、イメージが湧きにくい人もいるだろう。もう少し具体的に考えてみたい。そもそも参加できない状態、活動できない状態を作っているのは何だろうか。本書のなかでも、これはとても重要なことなので、しつこいようだが、今一度確認しておく。

以前、こんなビデオを見たことがある。それは、2分間程度の短いビデオで、地下鉄の電車と車いすユーザーが競争するというものであった。A駅からB駅に電車が進む間に、A駅で降りた車いすユーザーが地上をB駅に向かって走る。そして、B駅のホームにどちらが先に着くかという競争のビデオである。車いすユーザーの走りと電車の動きが交互に映し出される映像はとても緊迫感があるものだった。

車いすユーザーは地上をショートカットしてB駅に向かうので、駅までの距離は電車に比べてかなり短くなっている。

A駅で車いすユーザーは電車を降りる。最初の通路を通って改札口に向かう。改札口は自動改札になっている。ゲートはすぐに開く。とてもスムーズである。そのころ電車は、扉を閉めB駅に向かって少しずつスピードを上げていく。車いすユーザーは地上に出る。B駅に向かう道路をかなりのスピードで走っていることが確認できる。後ろにひっくり返らないかと心配になるくらいのスピードである。

駐車している車の横を走っている車いすユーザーの先に、B駅の入り口が見えてくる。もう少しで駅の入り口である。改札口を通過する。ここもスムーズである。電車はまだB駅には着いていない。しかし、電車の窓に、広告が見え始め、B駅が近いことがわかる。電車は徐々にスピードを落としていく。

車いすユーザーは、ホームに向かう直線をかなりのスピードで走っている。電車は、ホームに入ってきた。

さあ、勝つのはどっちだ、どっちが早い！

車いすユーザーが最後のカーブを曲がる。そこで急ブレーキ！

カーブを曲がったところに階段があって、そこから先に進めないのである。その間に電車はB駅のホームに入ってくることになる。車いすユーザーの背中から撮られている映像には、階段があって動けない様子と、電車がホームに入ってくる音がむなしく響いている。

このショートムービーは、バリアフリーになっていない駅がまだあることを訴えるために作られたものなのであるが、最後の階段が現れたとき「あっ」と声を出したことをよく覚えている。そのとき確信したのである。この階段が障害だと。ここでの障害は階段であると。障害があるとは、害になるものが、その人の生活する環境の側にあるということを確信した瞬間であった。

このことに気が付いたとき、次のようなことも考えた。だれでも環境の側にいることがあるということである。私たちが障害になっていることはないだろうか。家族だったり、指導者だったり、支援

図4　階段の前で降りられなくて立ち止まっている車いすユーザー

動画サイト

者であるあなたは、害のあるものとして存在し、だれかの障害になっていないだろうか。

　本書では、障害は環境側にあるものとして捉え、それを基本に考えていくこととする。

 ## 障害があるとかないとかではなく、「なぜ、困難なのか？」と考えてみる

環境側を整える視点

　生まれたときから物を見ることができない全盲の人から「携帯電話の写真の機能はどうやって使えばよいですか」と尋ねられたらどう答えるだろうか。「見えない人がカメラを使う？それは、どう考えても無理ではないか」と考えるだろう。なぜならば、写真は撮ることができるが、そこで撮った写真を見ることができないと考えるからである。

　見えないというその人の気質から出発すると、見えない人は、見ることができないからカメラは使うことはできないと考えてしまう（本書では特性ということばは使わずに「気質」を使う。それは、生まれもった特徴という意味を伝えたいからである）。たとえ写真を撮ることができたとしても、それを見ることができないのであれば、そこに意味は見いだしにくい。これは、私たちが、知らず知らずのうちに、ICIDH の考え方で、障害について考えてしまっているからである。

　全盲の人のカメラの活用について ICIDH（医療モデルとも呼ばれる）で考えると、見えない人はカメラを使うことができないということになる。しかし、少し視点を変えて、見えなくて困難なこと

があると考えると、カメラを使うことができる環境を提案することができる。この環境を見いだすために ICF（社会モデルとも呼ばれる）で考えてみたらどうだろうか。

　たとえばこうである。

　今日着る服の色がわからなくて服を選ぶことができない全盲の人がいた場合、その服の写真を撮って知人に送り「今日この服でよいか？」と尋ねられれば、着る服を選ぶことができるのではと考えてみるのである。また、色の組み合わせを知っていれば、カメラで撮ったものの色を教えてくれるアプリを活用して、自分で服を選んで着ることもできるのではと考えてみるのである。

　たとえば、"ColorSay" というアプリがある。このアプリはスマホの画面をかざすとそこに写っている色を言ってくれるというものである。

　このような視点に立って「何かが原因で、困難になっている状態」として、できないことを捉えてみるのである。視点を変えて、環境側を整える方法はないかと考えてみることがアイデアを生むことになり、前向きにいろいろなことを考えることにつながる。

　全盲だから、携帯電話の写真の活用は無理という思い込みが存在すると、解決策は個人の因子に帰属することになるので、アイデアは浮かばない。その思い込みを横に置いて考えることはできないだろうか。そのためには、その人が何がしたいのかを考え、解決できる環境はないかと考える視点を持つことが大切なのである。

勝手な思い込みで判断していないか

　私たちは、その人のできないという実態にとらわれすぎていないだろうか。その結果、その人の個人因子だけに視点を当てて、訓練してもできるようにはならないのでこれは無理だと、勝手に判断してしまってはいないだろうか。勝手な思い込みで判断していないか

どうか、今一度見直さなくてはならない。願いをかなえようとしても、うまくいかない場合、その願いを実現しようとするときの障壁となっている不便さと、困難さが何かを考えてみる。そして、不便さと困難さを解消するために、どのような環境であればよいのか、その環境を作るためにどのような支援ができるのかを考えるのである。

そうすればきっと障壁を回避するための支援の方法やアイデアが浮かんでくる。困難さや不便さを何とかしたいというニーズはだれもが持っている。ただ、そのニーズを満たすための問題解決の方法が思い浮かばないために、困難な状態にあるということなのである。個人因子だけを考えていたら、問題解決のアイデアは浮かばない。環境因子に目を向けるべきである。

支援と訓練は両立するか

訓練では不十分

困難な状態にあるのであれば、それを解決するためには環境を整えて支援することが必要であると述べてきた。このように主張すると「支援が必要なことはわかったけれど、じゃあ訓練はどうするの」という声が聞こえてくる。

私は、訓練を否定しているのではない。脳血管の疾患で倒れた人が、医学の進歩と、訓練によって徐々に機能を回復した例を知っている。服のボタンを留めることができなかった子どもが、練習を繰り返してボタンを留めることができるようになったり、食事のときに直接手で食べようとしていた子どもが、練習することで、食器を

上手に使って食事ができるようになったりすることも見てきた。

　ボタンを留める力は持っているのに、いつもだれかにボタンを留めてもらっていたら、ボタンを留めることができるようになるまでに相当な時間がかかったかもしれない。食器を上手に使って食べる力があるのに、いつもだれかに食べさせてもらっていたら、食器を上手に使って食事をすることができるようにはなっていないかもしれない。このような例が示すように訓練は訓練で果たす役割はあり大切である。しかし、訓練だけでは不十分ではないかと問うているのである。

訓練から配慮へ

　次のような事例は、訓練と環境を整える支援をバランスよく組み合わせることで、成功につながった例である。

　高校1年生の女子生徒が相談に来た。

坂　井　「どういう相談でしょうか」

高校生　「世界史と化学ができないんです。何とか成績を上げたいと思っています」

坂　井　「ごめんなさい。ここは、勉強を教える場所ではないので、成績を上げるのであれば、予備校などを探された方がよいのではありませんか」

高校生　「実は、成績が上がらない理由がわかっています。カタカナだけ読んだり書いたりするのに時間がかかるため、カタカナの多い世界史と化学だけが特に時間がかかってしまって、試験時間内にテストを終えられないのです。

　　　　　問題の答えがわからないのではないのです。なぜならば、あとからだれかに問題を読んでもらったら、正しい答えを言うことができるからです。カタカナがスムー

ズに読めないことがテストの点が上がらない原因だということです。母も、小学生の時から同じように苦労してきたと言っていました。

私がここへ来たのは、大学入試までにカタカナを読めるように訓練する方法を教えてもらいたいからです」

さて、このような相談を受けたとき、あなたならどのように答えるだろうか。小学校以来10年近くもカタカナと格闘してきたのに、いまだに、カタカナを読んだり書いたりするのに時間がかかるというのである。

これから受験までの2年間で、カタカナを読んだり書いたりすることが、確実にできるようになる効果的な訓練方法を提案できる人が果たしているだろうか。ひらがなとカタカナの対照表を常に持たせてみたらどうかなどと考える人もいるだろう。しかし、どう考えても現実的とは思えない。

優秀な高校生である。これまでにもそのような努力はしてきているはずである。仮に、これまで、ひらがなとカタカナの対照表を使って学習するという方法を試したことがないことがわかったとしよう。だからといって、今からそれを実践しても、大学入試までの2年間で飛躍的な効果が期待できるだろうか。

対照表を使って確認しながら読むことができるようにはなるだろうが、時間がかかってしまうことには変わりはない。また、対照表が頭に入って、対照表がなくてもスムーズに読めるようになるとは思えない。

もし、効果がでなかった場合、提案した私が悪かったと、頭を下げることくらいはできるだろう。しかし、その結果について責任を取ることはできないだろう。そして、最後には「もう少し早く取り組んでいればよかったのだが、少し遅すぎましたね」とか「もう少し時間をかけて努力すればよかったのではないか」などと本人の取

り組みの遅さや、努力不足ということで片付けてしまうこともあるのではないか。

　このようなとき、無理だと思われることに対しては、無理なことを訓練で乗り越えるという方法に注力するのではなく、違うところに力を注いだ方がよいと提案をする必要がある。可能性はゼロではないだろうが、大学入試までの 2 年間で、カタカナの読み書きが受験に耐えうるレベルにまで引き上げることはできない可能性が高いからである。

坂　井　「2 年間でカタカナを読んだり書いたりできるようになる可能性はないことはないけれど、私にはその方法は思いつきません。もっと別のことに力を注いだ方がよいのではないかと思うのだけれど」

高校生　「カタカナについてはあきらめた方がよいということですか？」

高校生は涙目になる。

高校生　「行きたい大学に行けないということでしょうか？」

坂　井　「そのようなことは言っていませんよ。カタカナを読んだり書いたりすることが、世界史と化学の理解とは違うからです。この相談について、高校の先生に連絡してもよいですか？」

高校生　「かまいません」

　そして、私はすぐに高校と連絡を取って、生徒が現在困難を感じている状況と内容を話し、定期試験でカタカナにふりがなを振るという支援を依頼した。その結果、それらの支援が受けられるようになった。

坂　井　「次回の定期テストで、カタカナにふりがなを振ってもらえるようになったので、それでテストを受けてみてもらえますか？　そのテストの点によって次の方策を考

えましょう」

高校生　「わかりました」

　テストを受けた結果、世界史と化学の点が大きく上がったのである。カタカナが読めないことと、世界史や化学ができないということは別の問題であることがこれで明らかになった。そこで、保護者にも来てもらって。

坂　井　「お子さんは、カタカナにふりがなを振ったらテストの点が上がります。このような支援を受けながらでも自己実現を目指すのがよいと思いますが、いかがでしょうか？」

保護者　「考えさせてください」

1週間後

保護者　「本人が支援を受けながらでも自己実現したいと申しますので、よろしくお願いいたします」

坂　井　「わかりました。では、専門機関で診断を受けてもらって、必要な支援を考えましょう」

　その後、彼女は専門機関を受診することになる。そして、そこで、学習障害であるディスレクシアの診断を受けた。特にカタカナの読み書きには配慮が必要であるという医師の意見書も付けてもらった。その結果、学校での配慮を受けることができるようになり、2年後のセンター試験では、特別な配慮が認められ、2次試験でも配慮を受けながら受験し、見事に志望する大学に合格したのである。

　カタカナが読めるようになるための訓練はしなかったが、その部分では配慮をしてもらい、その他の訓練すべきところ（ここでは勉強）では、一生懸命に取り組んで、最後に成功を勝ち取ることができたのである。

個別の支援へ

　訓練を受けるだけではすべてを解決することはできないだろう。しかし、支援だけでもすべてを解決することはできない。支援と訓練をどのようにバランスよく組み合わせていくのかが、生活の質をより高めることと、希望を現実にしていくために必要な方法だということである。

　このような支援について、その状況に応じて個別に行われるものを合理的配慮という。この、合理的配慮については、後で考えてみることにする。

7 診断があることの意味

診断の意味

　ここで、もう一つ大切なことがある。それは、診断があることの意味である。診断を受けることに抵抗があり、診断を受けることを拒む人がいる。診断を受けることで、差別されるかもしれない、いじめられるかもしれない、将来不利になるかもしれないなどと考えることがその主たる理由だろう。そのような環境が周囲にあると感じることについては理解できる。まだまだ、理解が進んでいない現状があることもわかる。

　しかし、先に述べたような事例もある。合理的な配慮を受けることによって広がる可能性がある自己実現と、合理的な配慮を受けず、本当の力が発揮できない制約のある状態での自己実現。この両方を天秤にかけたとき、どちらを選べばよいだろうか。前者が自分の可

能性を大きく広げることになるのではないか。先の高校生の事例は
それを示している。入試の時に必要な配慮を受けなかったら、この
高校生は別の進路を選択することになったであろう。

　無理なものは無理であるとあきらめたとき、新しい出発点が見え
たのである。支援を受けないで過ごす生活を選択した場合、本人の
ストレスも家族のストレスも大きくなる。特に本人のストレスと悩
み、できない自分に対する腹立たしさは大きくなるに違いない。夢
や希望を実現するために、あきらめるということも選択肢として入
れておけば、新たな出発点に立てるのである。もちろんその時点で
は、ゴールは同じでよい。

　ASD などの発達障害や知的障害については、どこからが発達障
害や知的障害になるのかということはだれにもわからない。明確な
線が引かれていないからである。連続体のなかに位置しているとい
うことである。このようななかで、本人や保護者が問題を感じてい
て、支援を必要とする場合には診断が不可欠となってくるのであ
る。

自己実現のパスポート

　支援を受けるためのパスポートとして診断がある。このパスポー
トを使いながら自己実現を目指せばよいのである。もう一度確認す
る。先の事例で示した支援を受けた高校生は、支援がなかったら、
希望した大学には行けなかったのである。

　自分が持っている気質から来る能力の限界については、あきらめ
ることがあっても、自己実現をあきらめることはない。必要な支援
であれば、それを受け入れることが自己実現を目指すための方法の
一つであることを忘れてはならない。支援を受けながらも自己実現
を目指す。これが本当の「私」、これが「あなた」であると本人も
周囲も理解することなのである。

2章

意思を伝える

 # 自己決定すること

少なかった自己決定、自己選択の機会

　先の障害観（ICIDH）では、食事・着替え・入浴など日常生活動作 (ADL:Activities of Daily Living) ができるようになることが、自立した生活を送るうえで不可欠なもので、最も重要なことと考えられてきた。訓練を通して自分の力で衣服の着脱が可能になったり、食事ができるようになったりした人もいるだろう。

　しかし、私が出会った人のなかには、衣服を着ることはできるのに、服を買いに行っても、自分が着たい服を選ぶことができない人がいたり、食事はできるのに、何を食べたいのかを自分で決めることができない人がいたりしたのである。周囲の人の選んだものを着たり、食べたりすることはできるが、いざ自分で決めなければならないとなると、何を選べばよいのかがわからない人も多いのである。

　指示待ちになっていると評価される子どもたちがいる。先生からの GO サインがあればできるが、GO サインがないと行動に移すことができにくい子どもたちのことである。自分で行動が決められないのである。

　自分で決められない、選択できないのは、自己決定や自己選択の機会が少なかったことが原因である。他人ごとではなく、自分のしてきた指導を振り返ってみると、これまでの実践は、日常生活動作に重きを置いてきたものが多く、自己決定や自己選択の機会をあまり設けてこなかったと実感する。これで本当によかったのかと反省しなければならないことも多いのである。

ボタンを留める練習よりも、着たい服を選ぶ練習を

　食器を上手に使って食べることよりも何を食べるか考えられる方が、服に袖を通したり、ボタンを留めたりする動作よりも、どんな服を今日着るのかを考えられることの方が大切ではないか。

　「上から2番目のボタンを留める」この動作に快感を感じている人がどのくらいいるだろうか。「右の袖を通すときのこの快感が忘れられない」と感じている人がどのくらいいるだろうか。服を着るための動作に楽しみや快感を感じている人はほとんどいないだろう。そんなことよりも「今日は何を着ようか」「今日の天気を楽しむために、どれを着ようか」と、その日の気分や天候、そして予定などに合わせて着る服を選ぶ方が楽しいはずである。好きな服を選ぶことができるようになり「その服が着たい」と思うようになれば、ボタンを留めたり、前後ろを間違わないで着たりする練習するよりも、自分で着たい服を選ぶことができるように練習することの方が大切なのである。自己決定や自己選択が大事だと理解したうえで日常生活動作の練習をしなければならないのである。

　日常生活動作獲得に向けての練習を否定しているのではない。生活の質を高め、より豊かなものにするためには、自己決定や自己選択の方が、日常生活動作の獲得よりも、より大事なことではないかと言っているのである。

　誤解のないように付け加えるが、自己決定や自己選択を練習するときには、TPO（時と場所、場合に応じた方法や態度、服装などの使い分け）の指導も必要であることは言うまでもない。

自己決定や自己選択が その後の生活を変える

自己決定、自己選択ができているかという視点で考える

　自己選択できる環境があることによって、その後の生活を大きく変えた事例に出会ったことがある。

　施設に入所していた46歳の男性Aさんのことで、施設長さんから相談があった。「Aさんのことでいろいろな支援をしてみましたが、その効果が感じられず、支援に行き詰まっています。アイデアがもらえないか」ということだった。施設に行ってみると、Aさんは個室にいた。そして、体育館でよく見る体育の体操の授業のときに使うマットにくるまっていた。

　施設長　「Aさん、中に入りますよ」

　Aさんからの返事はない（AさんはASDと重い知的障害があるため、音声言語によるコミュニケーションをとることができない）。施設長さんと部屋の中に入り、

　施設長　「Aさん、マットを転がしますよ。すみません」

　施設長　「坂井さんもいっしょにお願いします」

　坂　井　「Aさん、すみません」

　マットを転がすと、マットにしがみついたAさん登場。

　坂　井　「えっ」（驚く）

　マットにくるまっていたのは、裸のAさんだったのだ。

　施設長　「もう3か月ほど、服を着ていないんです。そのため、他の利用者さんといっしょに食事に行ったり、作業をしたり、散歩に行くなどの活動ができなくなってしまっています。先日は、来客があるということで、服を着

ていただかなくてはならず、仕方がないので無理して着せようとしましたら、歯で破いて服をビリビリにしてしまいました」

坂　井　「そうですか。それで私はどうすればよいですか」

施設長　「せっかく、おいでになったので、Ａさんに服を着せてみてもらえませんか」

坂　井　「は、は、はい……」

初めて会ったＡさんに、服を着せろと言われても……。とはいえ、ここで引き下がるわけにはいかない。

坂　井　「普段はどのようにされていますか？」

職　員　「いつもはこのようにしています」

部屋にきれいにたたんであった、赤いＴシャツと紺の半パン下着のうち赤いＴシャツをＡさんに渡して

職　員　「着ませんか」

Ａさんは、それを投げ返して怒って頭を何回か叩く（自傷行為）。

職　員　「このような感じで、自傷が激しくなるんです。本当はいろいろな活動に参加してもらいたいのですが」

坂井が下着を取って、Ａさんに渡す。

坂　井　「初めまして、坂井といいます。この下着をはきませんか？」

Ａさんは投げ返して、怒って頭を数回叩く。そして、マットにしがみつく。それは当然であろう。初めて会った私から、下着を渡されて「この下着をはきませんか」と言われたくらいで下着をはくのであれば、何の問題もないはずである。

ここで、私は、Ａさんにも、着たい服があるのではないかということと、これまでに、自分で好きな服を選んだことがあるのだろうかということを考えた。コミュニケーションの観点に立ち、自己決定、自己選択できているかどうかどうかという視点で考えたので

ある。

　私たちは、どのような観点で服を選んで買ったり、着たりしているだろうか。「この色が好き」「この形が好き」「このブランドが好き」「この肌触りが好き」と、いろいろな観点から服を選び、買ったり、着たりしているはずである。

　マットにしがみついているＡさんを見たとき、感覚に好みがあるのではないかと感じた私は、職員にお願いした。

　坂　井　「Ａさんが持っている服を取ってきてもらえませんか」
　職　員　「はい」

複数枚のＴシャツを持ってくる。

　私は、そのＴシャツでＡさんの背中をさすってみた。すると、赤のＴシャツはすごく嫌がり、青も緑も黒も紺も嫌がるのである。しかし、オレンジのＴシャツだけ嫌がらない。もう一回やってみたが、結果が同じであった。そこで、

　坂　井　「Ａさん、これ着ませんか」

と言って、ＡさんにオレンジのＴシャツを渡した。するとＡさんは、それを着たのである。その後、下着もはきズボンもはいた。

　この日を境にＡさんの生活は一変した。なぜならば、オレンジのＴシャツを着るようになったので、裸での生活ではなくなったからである。そして、食事をいっしょに食べたり、外出をいっしょにしたりすることができるようになった。自分の好みの色の服を着ることができなかったことが、Ａさんの裸での生活を作っていたということである。

なぜ自己決定が大切なのか

　ところで、ここで考えなければならないことがある。それは、なぜ、自己決定や自己選択が大切なのかということである。重い知的障害のある人の場合は、支援する側が用意した服を「はい」と言っ

て着る人の方が、支援を受けやすいのではないかと考える人もいるだろう。自己決定や自己選択が大切と言われても、無理だろうと思っている人もいるだろう。

　しかし、これは、真剣に考えていかなければならない大切な問題である。なぜならば、それは人権の問題だからである。

　次のような例で考えてみよう。あなたは、Jリーグが大好きな人で、ガンバ大阪が大好きなサポーターだったとしよう。今日はホームゲームの応援に行くことになっている。相手は浦和レッズ。ライバル同士の伝統の戦いである。

　観戦に連れていってくれる人が「今日はガンバのユニホームが用意できなかったので、赤いTシャツで応援に行きましょう」と言って、赤いTシャツを渡されるのである。果たして、あなたはそれを着るだろうか。

　きっと、あなたは「さすがに赤だけは無理です。だって、赤はレッズの色ですから、せめて別の色でお願いします」と言うのではないだろうか。

　ことばで事情を説明できる人は、その服が着たくない理由について相手にわかるように伝えることができるので、その窮状を回避することができる。

　しかし、音声表出で自分の困難な状況を伝えることができない人の場合、着るように促されたその服を着るのがいやだという理由で、それを投げ返したとすると、問題行動として解釈される。知的障害が重ければ重いほど用意された服を投げ返すことなく、文句も言わず着る人がよい人として評価され、着たくないといって投げ返す人は、問題行動のある困った人であると評価されるのである。ガンバファンの私は、もし、赤いTシャツを無理矢理着せられたとしたら、すぐに脱いで投げ返し、怒るだろう。

　Aさんは、46年間服を選んだことがない生活をしてきた。好きな

物を選んだことがない生活である。皆さんには想像できるだろうか。音声表出によるコミュニケーションがとれない人たちは、このような状況に置かれているのである。しかし、このような状態は健全な状態ではない。意思を相手にわかるように表出できないと、周囲の人の言いなりにならなければならない現状があると理解しておかなければならない。本来ならば、これは、相手にわかるように伝える力を持っている人の方が合わさなければならない問題のはずである。

　では、自己決定や自己選択ができるようにするために、どのようなことが理解できればよいだろうか。

③ 自己決定できるように するためには

意思を伝えるための支援

　自己決定や自己選択ができるようになるためには、自分がしたいことやしなければならないこと、周囲の状況などを理解できなければならない。

　しかし、ASD などの発達障害や知的障害がある人の場合、周囲の人とやりとりすることが困難だったり、周囲の状況を理解することが困難だったりする。そのために「どうすれば伝わるのか」「どのように伝えればよいのか」「何をすればいいのか」「どのようにすればいいのか」が理解できないのである。

　すなわち、自分の意思を伝えることに関しても、周囲の状況を理解するうえでも支援が必要なのである。このようなことを踏まえたうえで、ASD などの発達障害や知的障害のある人たちへの支援のための具体的なアイデアや実践について述べることにする。

④ 発信にこだわる

コミュニケーションは双方向で

　（ASD などの発達障害や知的障害のある人を中心にして話を進めていくこととするが、それらを一回一回表記すると長くなるので、特別な場合でない限り「障害」という表記で統一することにしたい）

　先述のように、音声でコミュニケーションすることが困難な障害のある人たちの場合、周囲の人から言われていることを理解して、それにしたがって動くことが求められていることが多いのではないだろうか。自分からは判断できない場面が多いので、周囲が正しい適切な行動を指示して、動けるようにしているということである。だから、周囲の人から言われたことや、指示されたことに反抗することなく「はい」と言って動くことができる人が、周囲の人に迷惑をかけないで生活できるいい人とされ、そのような人になることが求められているようである。

　このような考えは、音声によるコミュニケーションができない人を一方通行のコミュニケーション受信者としての立場に追いやってしまうことになる。本人にも伝えたいことがあるはずなのに、意思を表現する機会が与えられなくなるのである。もっと、本人の考えや思っていることを大切にする必要がある。

　コミュニケーションは双方向のやりとりなのに、ことばによるコミュニケーションがとれないという理由で、聞き手に回らなければならないというのはおかしな話である。このままでは、彼らの思っていることを聞くことができないままになってしまう。

コミュニケーション成立の経験を繰り返すことによって伸びていく

　障害のある人とコミュニケーションがうまくできないのは、相手にコミュニケーション障害があるのだから仕方がないと思う人がいるかもしれない。しかし、その障害を生んでいるのはだれなのか。環境側にいるのは、支援する側だということを忘れてはならない。

　コミュニケーションをとることができる環境を作ることができれば、障害があっても、やりとりすることの楽しさや便利さに気づくことができるはずなのである。環境によっては、コミュニケーションする力を促していくことも可能なのである。あきらめることはない。コミュニケーションの力は、コミュニケーションが成立する経験を繰り返すことによって伸びていく。

　コミュニケーションが成立する経験が必要なのである。とはいえ、障害のある人たちのコミュニケーションである。何の手立てもない状態では、コミュニケーションが成立することなどあるはずがない。配慮なしでコミュニケーションがとれるのであれば、知的障害やASD等の診断はつかない。先にも述べたように、診断があるのは支援が必要だからである。その診断のある人への支援だということを忘れてはならない。では、どのようにすればコミュニケーションが成立する経験を積むことができるだろうか。

⑤　AAC という考え方

拡大・代替コミュニケーション

　音声でのやりとりがうまくできない人とのコミュニケーション

を考える際に、AAC の考え方が参考になる。AAC(Augmentative and Alternative Communication) は「エーエーシー」と読む。「拡大・代替コミュニケーション」や「補助・代替コミュニケーション」と訳されている。私には「拡大・代替コミュニケーション」とした方が、しっくりくる。

AAC について「アメリカ言語聴覚学会」ASHA(American Speech-Language-Hearing Association、1991) は「AAC とは重度の表出障害をもつ人々の機能形態障害 (impairment) や能力障害 (disability) を補償する臨床活動の領域を指す。AAC は多面的アプローチであるべきで、個人のすべてのコミュニケーション能力を活用する。それには、残存する発声、あるいは会話機能、ジェスチャー、サイン、エイドを使ったコミュニケーションが含まれる。」と定義している。

手段にこだわるのではなく、その人に残された能力とテクノロジーの力で自分の意思を相手に伝えることができればよいのである。音声表出にこだわるのではない。しゃべれること自体よりも、結果としてやりとりが成立するコミュニケーションができることを重視する考え方が AAC なのである。

⑥ 「話すことができる」という評価でよいですか

コミュニケーションの手段として機能しているかどうかの評価

保護者や指導、支援している人の相談に乗っていると「うちの子はしゃべることはできるのです」という評価をよく聞く。「しゃべることができる」というのは、とても素敵なことだと思うが、しゃ

べることができるからといって、コミュニケーションができている
かというと、必ずしもそうとは言えない。本人の発する音声が、コ
ミュニケーションの手段として機能しているかどうかを評価するこ
とはとても大切なことである。

　病院の相談室に来ていた子どもの例である。お母さんの相談は「う
ちの子は話すことができるのですが、担当の言語聴覚士の先生が、
絵カードを使ってコミュニケーションの練習をしたらよいと思うと
いうのです。うちの子のように話すことができる子どもの場合でも、
コミュニケーション用の絵カードを使った練習は必要でしょうか」
というものであった。

　そこで、どのような場面で音声でやりとりすることができている
と評価しているのか尋ねてみた。保護者が音声でやりとりができて
いると感じる代表的な例は、次のような場面だった。

　「私がカレールーの箱を持っているときには、子どもから『ママが、
カレーライス作るよ。いいかな。はい』と言ってきます。私は、『ママ
がカレーライス作りますよ。いいかな』と言ってカレーライスを作
るようにしています。そして、とても満足して食べています」という
ものであった。このようなやりとりを経験しているお母さんは、子
どもはカレーライスを食べたいときには作ってほしいことをちゃん
と伝えることができるし、他にもよく似た場面があるので、自分か
ら音声でいろいろなことを伝えることができると思っているのであ
る。しかし、このやりとりは第三者からは、とても奇妙なやりとり
に聞こえる。

　母親がカレールーの箱を持っている。
　子ども　「ママがカレーライスを作るよ。いいかな。はい」
　母　親　「ママがカレーライスを作りますよ。いいかな」

というやりとりになっているのである。

　このようなやりとりは普通することはないだろう。しかし母親は、これで音声表出によるやりとりが成立していると感じているのである。

　私はお母さんに「Ｂちゃんにカレーライスを食べたいかどうか聞いてみてください」と依頼した。

　お母さんが「Ｂちゃん、今日カレーライス食べたい？」と聞いた。ところがＢちゃんは黙っている。お母さんが「何て言うんだっけ」と言って、答えをうながしたときに出てきたことばは「何て言うんだっけ」だった。そして、少し混乱した様子で「体育館に行きます」「早くします」などと、関係のないことばを言い始めたのである。お母さんは「多分今日は食べたくないのだと思います」と言っていた。しかし、どうも違うようである。

エコラリア

　この場合、お母さんは会話になっていると思っていたようであるが、子どもが返していたことばは、その状況で何度も聞いていることばをよく似た状況で繰り返すエコラリアであると考えられる。

　エコラリアとはオウム返しとも言われているもので、その場で同じ言葉を繰り返したり、突然思い出したように、テレビで見たことのあるコマーシャルのキャッチフレーズなどを言ったりすることをいう。前者を即時性のエコラリア、後者を遅延性のエコラリアと呼び二種類に分類できる。伝えられたことがわからないときに見られることが多い。どのような場面でエコラリアが見られるのかがわかると、支援者側の対応を考えることができるので、コミュニケーションの指導をする際に生かすことができる。

　カレーの箱を見せたときに「ママがカレーライス作るよ。いいかな。はい」というのは、これまで、同じような状況の中で繰り返し

言われてきたことを繰り返す遅延性のエコラリアで、そのことばの意味が何であるかに関係なく、過去に経験したことのある同じような状況下で、繰り返し言われたことばを同じように返すものである。

「何て言うんだっけ」と聞いたときに「何て言うんだっけ」とすぐにBちゃんが同じことばで返したのは即時性のエコラリアである。即時性のエコラリアは、何を言われているのかわからないときに出ることが多い。先の例で言うと「何て言うんだっけ」ということばの意味がわからなかったので、同じことばを繰り返したと考えられるのである。

私は、その場でインターネットでBちゃんが大好きだという銘柄のカレールーの箱の写真を検索し、それをBちゃんに見せた。すると、Bちゃんは「ママがカレーライスを作ります。いいですか、はい」と言ったのである。お母さんがカレールーの箱を持っているときに発するのと同じことばを言ったのである。

お母さんの「えっ、これはどういうことですか」という質問に「多分、Bちゃんがカレールーの箱を見て言っていたのは、エコラリアだと思います。エコラリアは、同じ状況のとき、いつも聞いていることばを繰り返すというものです。カレーを食べたいということを伝えていたのではないのかもしれません」と答えた。

お母さんは少しショックだったようだ。それはそうであろう。お母さんは、音声でコミュニケーションできていると思っていたのに、カレールーの箱を持っていたときに出てきていることばは、コミュニケーションの機能を果たしているのではなく、その状況でよく聞いていることばを繰り返すエコラリアであった可能性が高いということがわかったからである。

絵カードや写真カードを使ったコミュニケーション指導

今回の出来事で、Bちゃんはエコラリアが多く、音声によるコミュ

ニケーションはできていない可能性が高いと評価できたので、この評価が出発点となって、その後、絵カードや写真カードを使ってコミュニケーションの練習をすることとなった。

　視覚的な情報である絵や写真などをカードにしてコミュニケーションする際の補助として使うことにしたのである。絵や写真を見て、そこに示されていることは理解できたので、ポケットに入る大きさの手帳に、絵や写真が並んだページを入れたコミュニケーションブックを作った（図5参照）。そして、それを使って伝える練習をするようにした。

　やりとりするときに必要な絵や写真を指さして、伝えることを確認しながら、練習をするようにしたのである。このお母さんの取り組みは、Bちゃんとお母さんとの間でやりとりを成立させるうえでとても効果的だった。

図5　コミュニケーションブック

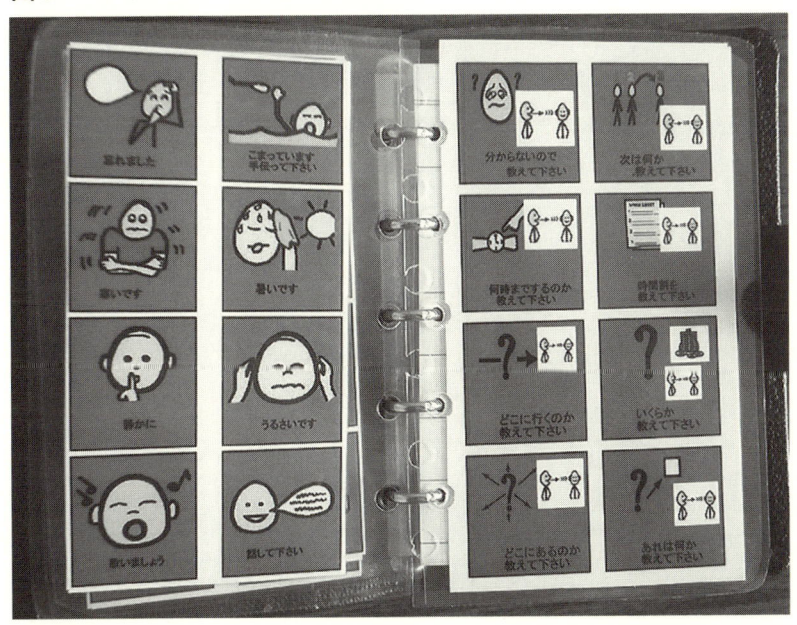

そして、Bちゃんはその後、徐々にことばによるやりとりができるようになっていったのである。音声表出にこだわらずコミュニケーションが成立することに視点を当てたことが、このような結果につながったと言える。一見すると回り道のようだが、実は回り道ではなかったのである。

　この事例のように、Bちゃんの場合は、その後音声表出を使ったやりとりができるようになっていった。しかし、補助的に絵や写真を使ってやりとりが成立する練習をすると、だれもが音声表出を使ってコミュニケーションができるようになるかというとそのようなことはない。Bちゃんに、音声表出でのコミュニケーションにつながったということである。ただ、確かに言えることは、子どもによっては、絵や写真を使ってやりとりする方が、コミュニケーションが成立する機会が確実に増えるということである。コミュニケーション用に作った絵カードや写真カードの活用は、音声表出を期待するものではなく、やりとりをしやすくするための手立てなのである。

　絵カードや写真カードを使ったコミュニケーション指導の方法については、いろいろな人が本やインターネットをとおして紹介している。ぜひ、それらを参考にしながら、取り組みやすい方法を検討してもらいたい。これなら継続できそうだと思える方法を取り入れるのがよいだろう。なぜならば、日常生活で使えなければ意味がないからである。

7 評価が大切

声を出してしゃべることよりも大切な、やりとりの成立

　だれでも、日常生活で関わっていたら、コミュニケーションできていると思ってしまう。また、そのように思いたくなる。病院の相談室に来るお母さんやお父さんは、ほとんどの人が「この子はわかっているんですけどしないのです」とか「話ができるのに、肝心なときには言わないのです」と話すことが多い。コミュニケーションできているのに、わかっているのに伝えてこないと思い込んでいるのである。

　この思い込みは、子どもを理解して、関わろうとしていることの表れなので、悪いことではない。しかし、この思い込みが、より適切なコミュニケーションスキル獲得のチャンスを少なくしていることも事実である。思い込みではなく、正しく評価することができれば、その評価が出発点になることを忘れてはならない。

　ことばが出ているのに「コミュニケーションとしての機能をはたしていないかもしれない」と考えることは、親としては難しいことかもしれない。指導している先生にとっても同様であろう。

　しかし、現状をきちんと評価しないと、コミュニケーションが成立する経験を積むチャンスが少なくなる。意思を表出させるためには、手立てが必要な段階であるにもかかわらず、「しゃべれているから問題ない」と考えて子どもに接し「お口があるんだから、ちゃんとお口で言いましょう」などと対応するほうが、子どもにとっての負担は大きくなる。

　本当にコミュニケーション手段として音声表出が使えているのか

どうかについて、もう一度評価してみてはどうだろうか。ちょっと立ち返って考えてみることが重要である。声を出してしゃべることができることよりも、やりとりが成立する方が大切である。このような視点に立てば必要な支援が見えてくるだろう。

　Bちゃんの場合、たしかにしゃべることができていた。しかし、それは、エコラリアしていることが多く、適切にやりとりするためには、コミュニケーションを助けるための絵カードや写真カードが必要だったのである。

記録・整理で評価する

　コミュニケーションの評価については、コミュニケーションの記録をとる方法がある。

　子どもが発信しているときに、どのような手段で、どのような内容をだれに向かって伝えているのかを整理していくのである。たとえば、ジュースが欲しいのでは、と思われる状況で、コップを持ってきたとする。

表1　コミュニケーションの記録用紙

名前
記録日

どのような場面で（文脈）	どうした（言動）	機能				文脈		手段	備考
		要求	注意喚起	拒否	その他	どこで	だれに		
お菓子の時間に	お皿を出した	○				食堂で	支援者	具体物	

（吹き出し）どのような場面だったのかを記録する
（吹き出し）文脈を記録する
（吹き出し）どうしたのかを記録する
（吹き出し）どのような機能が考えられるのか記録する
（吹き出し）どのような手段だったのかを記録する

これはジュースが飲みたいという要求の表現だと判断して、どのような場面で、母に対してコップを持ってくるという方法で要求したのかを記録していくのである。

　かんしゃくを起こした場合も、その時の状況から考えて、遊びの場面で、母に対して遊びをやめるのが嫌でかんしゃくを起こすという方法で、嫌だということ（拒否）を伝えてきたと記録していくのである。手段と、内容と相手が整理されると、その子どもが何が言いたくて発信しているのかがわかってくるようになる。そうすれば、そこで、どのような方法で伝えることができればよいのかを周囲の人たちと共有して、コミュニケーション手段の獲得に向けて歩みを進めていくことができるようになるのである。

　表1は、コミュニケーションの記録用紙である。この用紙に、場面や文脈、機能、手段、場所や相手を記録していくのである。そして整理すると、コミュニケーションに関する目標が見えてくるのである。

　ある子どもの発したことばを整理したら、図6のようなグラフになった。このようなグラフができあがると、コミュニケーション指導をする目標も立てやすくなるだろう。

　コミュニケーションの記録を整理するためのエクセルのファイルをコミュニケーション・支援技術研究所というホームページで紹介している。グラフを作るまでが簡単にできるようになっているので活用してもらいたい。アドレスは http://www.sakalab-aac.com

子どもの得意なところを中心に考える

　このときの目標を考えるときのコツを示しておこう。つまり、グラフの見方である。グラフにすることができたら、コミュニケーションする際の目標を立てる。

　ここで忘れてはならないのは、子どもが得意なところを中心に考えるということである。子どもができていることを中心に考え、ど

こかに変化を加えるようにする。

　今まで、適切なコミュニケーション行動が身についていなかったために、伝わらなかった経験も多くしていると考えられる子どもたちのなかには、コミュニケーションすることを苦手としている子どももいるはずである。そのような子どもに対して、いろいろ要求しすぎたり、不適切だと思われるコミュニケーション行動だけをターゲットにして修正をしようとしたりしても、うまくいかずお互いに負担になるだけである。

　負担にならない楽しいコミュニケーションの方法を考えていくことが、長続きさせていくコツである。

　図6のグラフのような場合、コミュニケーションの練習をする場

図6　コミュニケーションの記録を整理

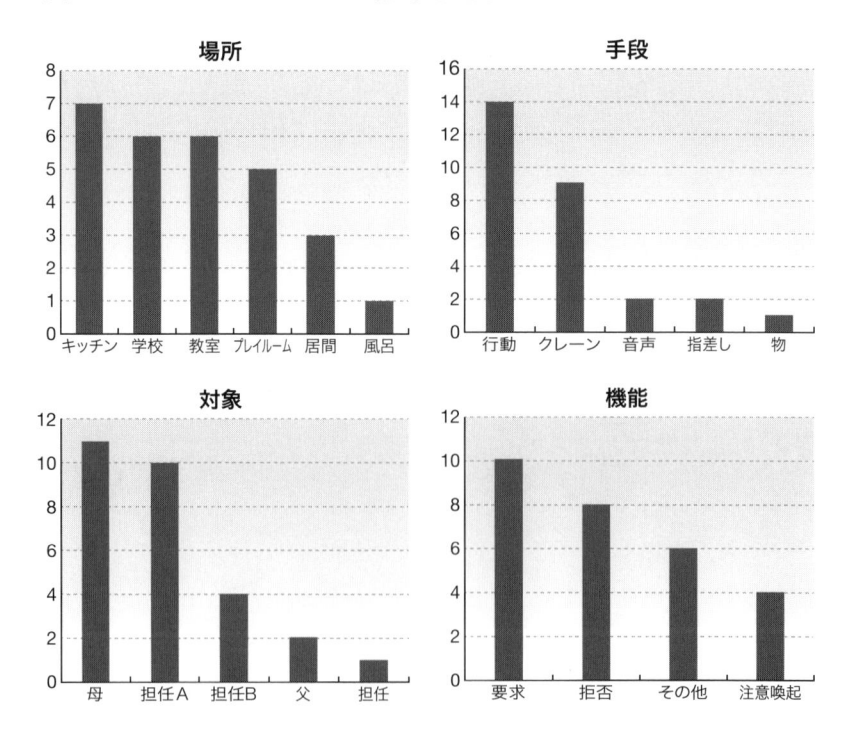

面としては、コミュニケーション行動が一番出ているキッチンでの食事の場面を選ぶのがよいだろう。

そして、機能として、数が一番少ない注意喚起を目標にすることが考えられる。この場合、注意喚起の目標の対象は母親か担任 A になる。相手はコミュニケーション行動が出やすい人にするのである。手段は、行動でよいだろう。母親や担任 A の肩をトントンとたたくような行動ができるようにするのである。肩をトントンとたたいて、注意喚起をしてから欲しいものを要求するようにする。具体的な要求については、指さしが使えるだろう。

欲しいものを指さすという方法で、要求できるようにするのである。クレーン行動も考えられるが、より間接的な方法を使うようにする方がよい。このとき大切なのは、要求するものは手の届かないところに置いておくことである。手が届いてしまうと、勝手に取ってしまう可能性がある。勝手に取ってしまうと、やりとりする必要がなくなるので、コミュニケーションの練習にはならないからである。

注意喚起の練習のときには、最初は第三者が、子どもの手を取って一緒に肩をトントンとするのがよい。その後は、大人が自分の肩を指さすなどのヒントを与えることで、気づくことができるようにするのがよいだろう。

その後の展開としては、肩をトントンとたたいて注意喚起をした後、指さしで伝えていたものを、絵カード等を指さすという方法でより間接的に伝えることができるようにしていくことが考えられるだろう。

いずれにしても、今使えている方法を生かしながら、どこか一つ変えていくという方法で練習していくのが、コミュニケーション能力を育てていく有効な方法であることを忘れてはならない。

8 問題行動で表現している

文脈・背景を考える

　ところで、無発語の子どもや、音声はあってもそれをうまく伝達するために使うことができない障害のある人はどのようにして自分たちの意思を表出しているのであろうか。

　パニックに代表されるような、一般的に周囲の人に受け入れられにくい逸脱した行動を思い出してもらいたい。ここでは、周囲の人に受け入れられにくい逸脱した行動のことを問題行動と表現することとする。

　問題行動が起こるときには何か原因はないだろうか。その行動には、何か意味がないだろうか。何か言いたいことがあるのではと考えられないだろうか。問題行動を何かを伝えている表現方法だと考えてみると、その見方が変わってくる。「この人は何が言いたいのだろう」と考えることができるからである。

　問題行動が見られたときの文脈や背景を考えながら、その行動が果たしている役割を周囲の状況と併せて考えてみるのである。

　問題行動は、その機能によって「要求」「注目」「拒否」「感覚」に大きく分けることができる。

　「要求」の機能を果たしているのは、物が欲しいときなどに見られるものである。大好きなお菓子が欲しいとか、何かを取ってほしいときにしている行動がそれにあたる。

　「注目」の機能を果たしているのは、だれかの注目を集めたいときに見られるものである。先生を呼びたいときとか、お母さんにかまってほしいときにしている行動がそれにあたる。

「拒否」の機能を果たしているのは、いやなときに見られるものである。したくないことをさせられるときなどにしている行動がそれにあたる。

　最後に「感覚」である。これは、頭をたたいてその感覚を楽しんでいるように見えたり、かさぶたをはがしてその感覚を楽しんでいるように見えたりする行動である。これは、感覚が過敏だったり鈍感だったりすることが原因である。

問題行動は意思表示

　このように問題行動には意味がある。「感覚」を除く「要求」「注目」「拒否」の機能を果たしている場合は、コミュニケーション行動と解釈することができるのである。つまり、問題行動として表れているのは、その人なりの表現の方法でコミュニケーションをしようとしている結果なのである。

　しかし、その表現の方法が、周囲の人に受け入れられるような行動ではないために、周囲にいる人たちが問題行動と呼んでいるのである。当然本人たちには、周囲の人に受け入れられない行動をしているなどという意識はない。また、この表現方法は周囲の人たちには受け入れられていないようだなどと考えているわけでもない。周囲の人を困らせてみようとか、腹が立つから仕返ししてやるなどという理由で、意図的にしている行動ではないのである。

　繰り返すが、問題行動があるということは、その人が意思表示をしているということなのである。適切な表現方法を身につけていないことが原因でそのような行動になっているということなのだ。

　このように考えると、問題行動が見られる状況は、コミュニケーションする際の適切な表現方法を学ぶことができるチャンスだと捉えることもできる。

　相手にわかるように伝える方法、相手に受け入れられるように伝

える方法を身につけることができれば、コミュニケーションの機能を果たしている問題行動は、適切な行動に変わっていく。私の身近なところでも、相手にうまく伝えることができるようなコミュニケーション手段を身につけることによって、問題行動が少なくなった子どもはたくさんいる。問題行動はコミュニケーションを指導する際の重要な手がかりになるのである。

　問題行動が見られたときに、その行動は社会で通用しないという理由から、その行動自体を抑え込むというような指導する人を今でも見かける。確かに問題行動はやめてもらいたい行動ではある。

　しかし、抑え込むという方法だけではコミュニケーション行動を育てることにはならない。形を変えて他の問題行動が出てくるのが関の山である。問題行動が見られたときには、行動によっては止めたうえで、その行動が見られた状況や文脈などから、何が言いたかったのかを想像し、それを伝えるための別の方法を提案する場にするのである。

　問題行動の果たしている役割を考える際にも、先述のコミュニケーションの記録は役に立つ。そこまで苦労して伝えなくても、もっと簡単な方法で効率よく伝えることができるということを何とか伝えたいものである。

⑨ こんなことがありました

問題行動は表現手段

　学校でクラスメートの筆箱を隠してしまった知的障害のないASDのあるCさんの話である。Cさんは、通常の学級で学んでいた。

あるとき、Ｃさんの隣の席のクラスメートが「ぼくの筆箱がなくなった」と担任の先生に訴え出たことがあった。先生が教室をいろいろ探してみたら、その筆箱は掃除用具入れの中から出てきた。担任の先生が、だれが隠したのか知るために、一人ひとり別室に呼んで尋ねていくと、Ｃさんが「ぼくです」と、自分が隠したことを素直に認めた。そのとき、悪いことをしたという様子は見られなかった。「なぜ、隠したの」と理由を聞いたが、Ｃさんは「わからない」の繰り返しで、理由と思われることは何も言わなかった。担任の先生は双方の家庭に連絡をして、この件については解決していた。4年生になったとき、Ｃさんが、そのときの担任の先生のところにやってきた。

Ｃさん「先生に言わなければならないことがあります」

先　生「どうしましたか」

Ｃさん「１年生のときに、○○さんの筆箱を隠したことについてです」

先　生「そんなことがありましたね」

Ｃさん「201○年の5月○日○曜日です」

先　生「えー、日にちまで憶えているの」

Ｃさん「はい」

先　生「それで」

Ｃさん「あのときは、すみませんでした。実は、あのときぼくは、『うらやましい』ということばを知らなかったので、筆箱を隠してしまいました。今は、『うらやましい』ということばを知ったので、そのようなことはもうしません。○○さんの筆箱をうらやましく感じたので隠してしまいました。申し訳ありませんでした」

先　生「そうだったの。そのときは『うらやましい』ということばを知らなかったから筆箱を隠したの」

C さん「はい」

　このエピソードは、C さんは、そのときは「うらやましい」ということをことばで表現できなかったので、それを表現するために、掃除用具入れに筆箱を隠したということを示している。筆箱を隠すという問題行動で「うらやましい」ということを表現したのである。

　さすがに、この行動の意味は、本人が話せるようになって、説明があったからわかったのであって、筆箱を隠した最初の段階で「うらやましいと言いたかったのでは」と考えられる人はいないだろう。ここで、理解しておきたいことは、問題行動には意味があり、何か言いたいことを表現していることが少なくないということである。

　ASD のある人に直接関わっている人たちは、ASD のある人たちのするユニークな行動について「なぜ、こんなことをするのだろう」と首をかしげてしまうことがある。しかし、何か言いたいことがあるのではと考えてみることが重要だということである。何か言いたいことがあるのだが、ことばが見つからないことが原因で、周囲の人から理解されにくい行動をしていることが多いからである。

 要求、注目、拒否の表現を探る

「要求」「注目」「拒否」が出やすい環境づくり

　先にも述べたが「要求」「注目」「拒否」の表現は、音声で意思を表出することができない知的障害の重い人の場合にもある。音声言語で表現できない障害のある人が「要求」「注目」「拒否」をどのような方法で伝えているのかがわかれば、そのときに伝えようとしている内容が想像できるようになる。

そうすれば、適切な表現方法を学ぶための環境を作ることができる。つまり「要求」「注目」「拒否」のためにしている行動には、適切なコミュニケーションスキルを身につけるようにするためのヒントが隠されているのである。

　普段から生活のなかで関わっている人たちは、なんとなくその人が表現していることがわかってしまうようである。感覚的にわかってしまって、それで対応できてしまっているのである。

　「なぜ、そのように対応したのですか」と尋ねても「いつものことなので」というような答えが返ってくることが多く「なぜ、そのように理解したのか」という理由を具体的に説明してもらえないことが多い。日常的にあまり意識することなく接していると、何をどのように表現しているのかということはわからないものである。

　どのような方法で表現しているのかを知るためには「要求」「注目」や「拒否」が出やすいような環境を作って、どのような表現をしているのかを観察する必要がある。

　たとえば、大好きな缶ジュースのふたを開けないままで渡してみて、そのときどのような方法で「開けてほしい」と伝えてくるのだろうかとか、大好きなお菓子をすぐに渡すのではなく「欲しい」という表現がでるまで、こっちで持っていたりするとどうなるのか、などを観察するのである。きっと何らかの方法で意思を伝えてくるはずである。直接行動かもしれないし、手をとってくるかもしれない。指さしかもしれない。泣き叫ぶなどの一般的に受け入れられにくい行動かもしれない。その人がどのようなときにどのような表現をしているのかということを知ることが、コミュニケーションの指導を考える際の重要なヒントを与えてくれることになるのである。

　そして、それをコミュニケーションの記録に書き込んでいくのである。評価したことが整理されるのでわかりやすいものになる（46頁表1参照）。そして、今度はそれを見ながら、目標を設定してい

くのである。

 11　適切な方法を身につけるには

音声表出にこだわらない

　コミュニケーション記録を整理したら「要求」「注目」「拒否」を何らかの方法で伝えていることがわかる。そうしたら、それらの方法をより適切な方法へと育てていくための手立てを考えていくようにする。

　だれを相手にして練習するのが効果的なのか、どの場面を使って、その機能から練習するようにすればよいのかを考えて、手立てを考えていくのである。

　音声表出でのコミュニケーションがうまくできないからといってあきらめることはない。音声表出でコミュニケーションできなくても、それ以外の方法で、相手に伝わりやすく伝える方法を考えればよい。繰り返しになるが、音声表出にこだわって指導するのではない。ここでは、音声表出以外の方法でもよいからコミュニケーションができるようにする方法を考えるのである。

　コミュニケーションをとることが困難な人が、適切なコミュニケーションの手段を身につけていくには、コミュニケーションが成立する経験を数多く繰り返す必要がある。自転車を上手に乗りこなすために何度も何度も転びながら練習したように、コミュニケーションできるようになるためにも、何度も何度も練習を繰り返せばよい。重要なことは、相手に受け入れられるコミュニケーションの手段を使って、コミュニケーションが成立する体験ができるように

することである。

コミュニケーションの成立

コミュニケーションが成立したことを体験できるようにするためには、次のような配慮をする必要がある。

①伝える内容をことばだけでなく視覚的に見てわかるようにしておくこと

② 伝わったことが実感できるようにすること

これらの①②に配慮して、コミュニケーションするための力を育てていくのである。

そのための最も簡単な指導方法を紹介しておきたい。

おやつを使ったときの方法の一つである。

おやつとお皿を用意する。おやつは、大きくて数の少ないものではなく、小さくて数の多いものや、枚数の多いものにする。練習回数を多く確保することができるようにするためである。

① 子どもの前にお皿を置く

② お菓子を要求してもらう

③ お皿に少しだけお菓子を入れる

④ お菓子を食べる

⑤ ①〜④を繰り返す。

このとき、どのような要求方法がよいのかは、保護者や学校の担任、施設の指導員、ST（言語聴覚士）などと相談して決めるようにする。要求の出し方にも、いろいろな方法があると思われるので、少し整理しておきたい。

これまで、要求をすることがあまりなかった子どもの場合である。この場合は、要求すること自体を教えていく必要がある。たとえば、お皿を相手に差し出すことで「お菓子をください」と要求することを教えるようにする。また、スイッチを使うことも考えられる（詳

しくは4章で)。スイッチを押せば「お菓子ください」と音声が出て、お菓子を手にすることができるということになる。

　相手が持っているお菓子を指さして「お菓子が欲しい」と要求する方法も考えられる。具体的にお菓子を指し示すことで、何が欲しいのかを要求するのである。指さしができない場合には、手ざしでもかまわない。自分が要求した物が手に入るという経験を積むようにする。

　自分の手元にあるお菓子の袋や、写真カード、絵カード等を指して要求するようにする方法もある。このような段階になると、手元に携帯型情報端末やスイッチなどを置いておくことも考えられる（詳しくは第4章で）。コミュニケーションシートなどの活用も考えられるだろう。

　相手のことを意識させようとするならば、自分の手元にある絵カード等を相手に手渡して要求する方法が考えられる。

　お菓子をゲットするためには、お菓子を持っている相手を意識しなければならない。指さししたら必ずお菓子がもらえるとか、スイッチを押したら手に入るというのは自動販売機のようなものである。

　実際のコミュニケーションに生かすためには、相手を意識して手渡すという行為が大切なのである。この人に伝えていると明確に意識することができるようにするのである。相手を意識できるようになると、相手が見ていることを意識したジェスチャーも使うことができるだろう。相手の注意をひいてからジェスチャーをすることができるようになる。ただ、ジェスチャーの場合は相手がそのジェスチャーの意味を理解できない場合には伝わらないという問題があることも理解しておく必要がある。

　その他に筆談も考えられるだろうし、文字で書いてあることを読んで要求するという方法もある。もちろん、音声表出で要求してもかまわない。

いずれにしても、それらの方法は、本人が、今、持っているスキルであり、ストレスを感じることなく使用できるものでなくてはならない。

選択する機会を設ける

　また、指導するときの注意点として忘れてはならないのは、子どもの手の届くところに、お菓子を置かないということである。手の届くところにお菓子があると、手を伸ばして勝手に袋からお菓子を取って食べてしまうことがある。勝手に一人で食べてしまうのであるから、コミュニケーションする必要はない。コミュニケーションしなくてもお菓子が手に入る環境を作ってしまったら意味はない。

　また、同様に、選択する機会を設けるようにすることも大切である。練習の初期には、一つの物で練習するとよいが、確実に伝えることができるようになると、選択する機会も作っていくということである。

　たとえば、飲み物を飲むときで考えると。

① 2種類のジュースを用意する

② この2種類の中から飲みたいジュースを選んでもらう（選ばなかったジュースは片づける）

③ 選んだジュースをコップに少し注ぐ

④ 注がれたジュースを飲む

⑤ ③～④を繰り返す

　①と②で注意しなければならないことは「リンゴジュースにする？それともオレンジジュースにする？」と音声だけで聞いて選択させるのではなく、必ず目の前に並べて、見てわかるようにして選択してもらうことである。音声で伝えられたことが理解できない場合にも目で見てわかるようにしておけば、理解できやすいからである。

　②で直接選択することができるようになっている場合には、

ジュースを少し離れたところに置くようにする。直接手で触れない状況を作って練習する。指さしや手ざしができるようにしていくのである。

そして、それができるようになったら、ジュースを写真や絵カードにして、それらを選択して伝える練習をする。このようにしてコミュニケーション行動を直接行動から間接行動へと変えていくのである。

③では、少しずつ注ぐというのが指導のコツである。一度にたくさん注いでしまったら、要求の練習が一回しかできなくなってしまう。せっかくのコミュニケーションのチャンスなのである。回数を増やして、何回も練習できるようにするために、少しだけ注ぐようにして、回数を確保するようにする。

コミュニケーションが成立する経験が多ければ多いほど、コミュニケーションの力がついていくからである。

私たちがよくする失敗を一つ紹介しておこう。私たちは、選択しやすいようにと考えて、好きなものと嫌いなものを用意して選択させてしまうことがある。

たとえば、大好きなコーラと大嫌いな牛乳を選択肢として用意するような場合である。大好きなコーラを選んだときはいいが、たまたま牛乳を選んだとする。そのときに「そっちじゃないでしょ。こっちでしょ。あなたの好きなコーラはどっちなの」と言って、コーラを選ぶまでやり直しを続けてしまうことがある。これでは選択の意味がない。選択肢がコーラだけになってしまうからである。

これを繰り返していると、コーラがどれかということは理解できるようにはなる。しかし、飲みたいものを選択できるようにはならない。かといって、牛乳を選んだ際に「あなたが選んだんだから」といって、自己選択の責任をとらせるように、大嫌いな牛乳をコップに注いで、飲ませるというのも、選ぶことの楽しみを経験するこ

とにはならないだろう。やはり、好きなものを2種類以上用意して選んでもらうのが一番よい方法である。

　小さいころから人にわかるように伝える経験をしていくことは大切である。そして、わかるように伝える力を育てるための最も簡単な方法の一つが選択してもらうことなのである。

　選択する機会を設けることで、コミュニケーションする機会は飛躍的に増える。1日1回すれば、1年間で365回もできる。1年間で、選択する経験が0回の人と365回の人、どっちに力がつくかは明白だろう。選択する機会を設けているかどうか、ちょっと考えてみてほしい。

 ## じゃあ次は

「絵カード」「写真カード」

　子どもたちは、生活のなかの様々な場面で選択する経験をすることで、相手にわかるように伝えるために必要な具体的な方法を身につけていくことになる。

　相手からわかるように伝えてもらう経験や、自分から相手にわかるように伝える経験を繰り返すことが、コミュニケーション成立の経験につながり、コミュニケーションの力を伸ばしていくことになる。

　「コミュニケーションするために、その意味を示した絵カードや写真カードをホワイトボードに貼って選択する練習をしていたのですが、選択できるようになってきた子どもが、私の手を取って、その絵カードや写真カードが貼ってあるボードのところへ連れて行

き、『これか？　それともあれか？』と尋ねるようになったのですよ」という、うれしい話を聞いたことがある。

　この子どもは、絵カードや写真カードを必要に応じて選択し、伝えることで、望みがかなう経験や、見通しを持ち安心するという経験ができるようになってきているということである。

　そして、絵カードや写真カードが意味することが何なのかが理解できるようになってきているということである。伝えたいことがあるときに、対象となる絵カードや写真カードを持ってきたり、絵カードや写真カードを貼っている場所に先生を連れていったりして、そこで、絵カードや写真カードを選んで渡すようになる。

子ども用、大人用のコミュニケーションブックを

　このように、絵カードや写真カードの意味を理解し、それらのカードを使って伝えることができるようになってきた子どもに、次にどのように援助をしていけばよいだろうか。

　絵カードや写真カードで伝えることができるようになった子どもにとっては、それらのカードは「ことば」ということである。つまり、カードを使っておしゃべりができるようになったということなのである。それゆえ、今度は、いつでもおしゃべりできるようにするための工夫が必要になる。

　その方法の一つが、絵カードや写真カードを持ち歩くという方法である。必要な絵や写真を並べれば、コミュニケーションブック（43頁図5参照）になる。

　音声表出だけがコミュニケーションの手段ではない。絵カードや写真カードなどもコミュニケーションの手段として有効に活用できるのである。音声表出だけにこだわるのではなく、絵カードや写真カードなどを指さしてやりとりすることも考えてみたらどうだろうか。音声表出よりも、コミュニケーションすることにこだわりたい

ものである。

　ここで注意しなければならないのは、本人が使う絵カードや写真カードは、その子どもたちがコミュニケーションするためのもので、大人が子どもに指示する道具として使うものではないということである。絵カードや写真カードが指示されるための道具になると、子どもたちはそれを自分から開いて伝えようとはしなくなってしまう。あくまでも子どもたちのブックということを忘れてはならない。

　すなわち、大人が伝えるためには、指導者用のコミュニケーションブックを作っておかなければならないということである。子どものものとは別に作って持っておく。子どもには子ども用の、大人には大人用のそれぞれのコミュニケーションブックがいるということである。

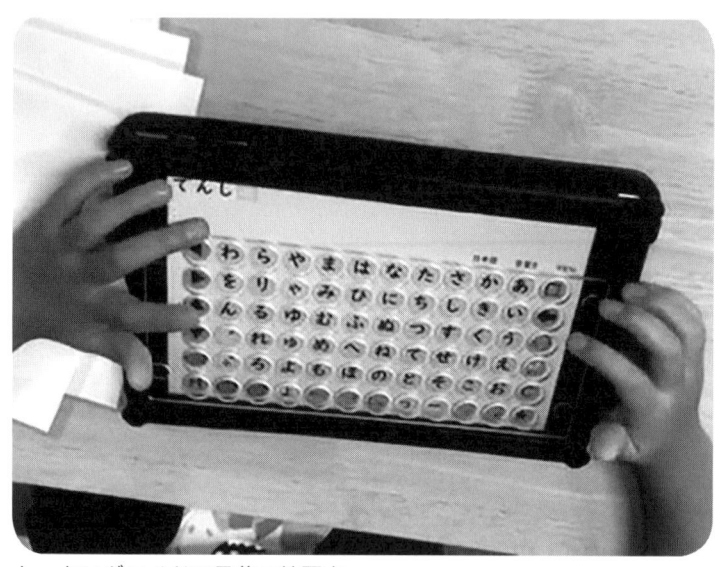

トーキングエイドで言葉の練習中

3章

テクノロジーを使う

 # VOCA を知ってますか？

音声を取得し、伝える経験が可能に

　音声表出によるコミュニケーションがうまくとれない人たちが、音声を出すことによってコミュニケーションできるようにと考えられて生まれたのが VOCA である。「ヴォカ」と読む。

　VOCA は Voice Output Communication Aid の略で、音声を出力することができるコミュニケーション機器のことである。簡単なスイッチ操作一つで音声を出すことができるため、絵カードや筆談を使った場合よりも伝わりやすいという特徴がある。数十種類の VACA が市販され手に入るようになっている。また、最近では、いろいろな VOCA や携帯型情報端末用のアプリが開発され、音声表出でのコミュニケーションが苦手な人が使いやすいように工夫さ

図7　トーキングエイド

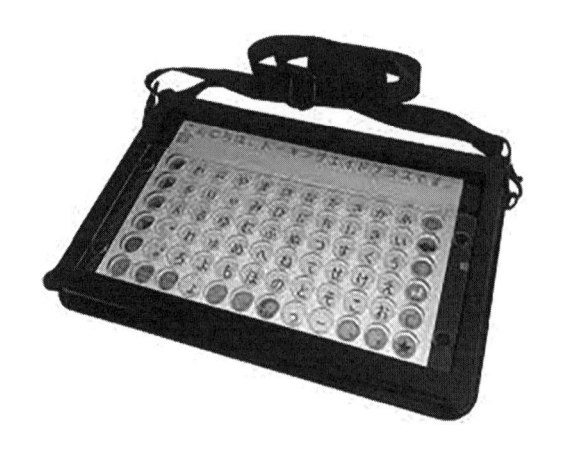

れれたものが、比較的簡単に手に入れられるようになってきている。

　VOCA の最大の特徴は、音声が出力されるために伝達性が高いということである。絵カードを指し示しているだけでは、気がついてもらえないような状況でも、VOCA なら簡単なスイッチ操作一つで音声が出るので気づかれやすい。気づかれやすいということは、コミュニケーションが成立しやすいということでもある。図7と図8はパソコンがベースになっている最新の VOCA である。

　VOCA の話をしたときに、VOCA の値段を聞いて高いと感じる人がまだまだ多いようである。値段が安いに越したことはないが、私は VOCA の値段は高いと思ったことはない。音声表出で伝えることができない子どもが、自分の肉声ではないが、音声を手に入れ、それを使って伝える経験ができるのである。仕事から疲れて家に帰ってきたときに「お父ちゃんお帰り、ビール冷えてるよ」なんて言われたら……。想像しただけでもウキウキしてしまう。

　日常生活の支援機器として、購入の際に補助が出る場合もある。それぞれの自治体で補助についてはルールが違うので、住んでいる

図 8　スナップ（2019 年 11 月現在開発中）

地域の福祉事務所の窓口で相談してみるとよいだろう。

　また、携帯型情報端末用のアプリの場合は、アプリだけなので携帯型情報端末を持っているのであれば、安く購入することができる。

　アプリの情報などは「障害者関係 app の広場」という情報提供のホームページなどが参考になる。一度のぞいてみてほしい。https://www.facebook.com/dappinfo/

② VOCA の特徴を活用する

発信者としての可能性を広げる

　障害のある人のなかには、自分から他者に働きかけることを苦手としている人が少なくない。このようなタイプの人の場合、どのようなコミュニケーションの手段が考えられるだろうか。

　コミュニケーション用に理解できる絵や写真などのシンボルを多く入れた手帳（コミュニケーションブック =43 頁図 5 参照）を持ち歩いたとしても「あのー」と声をかけて、手帳を開いて伝えることができなければコミュニケーションは成立しない。

　このようなことは、音声表出できない子どもの場合は、特に難しい。自分から相手にわかるように伝えることができないならば、受信者にはなれても発信者にはなれない。

　しかし、VOCA の特徴である伝達性の高さを活用すると、音声表出できない子どもを発信者にすることが可能になる。

　たとえば「起立」「礼」「着席」という音声を VOCA に登録すれば、朝の会や授業の始まりなどで、号令をかける係りをすることができるようになる。また、クラスの子どもの名前を登録しておけば、

出席も取ることができる。ファーストフードの店に行って、VOCA にあらかじめ入れておいた音声でお店の人とやりとりし、好きな食べ物を注文して買ってくることも可能になる。

　VOCA は万能ではないが、その特徴を活かすことでいろいろなことを可能にしてくれる優れものなのである。

　とはいえ、VOCA にも限界がある。登録することができる単語数に制限があったり、電池がなくなったら音声が出なくなってしまったり、乱暴に使用したら壊れる等の点である。VOCA だけですべてが表現できるわけがない。しかし、VOCA の限界も知ったうえで、VOCA の特徴を最大限に活かした活用方法について考えることが大切なのである。

③　どんなことばを入れるの？

使ってみないとわからない VOCA の威力

　さて、VOCA を使う機会が得られたとする。このときに悩むのが、どんなことばを入れたらよいかということである。音声を登録しないことにはただの箱で終わってしまう。

　VOCA に音声を入れる際に次のような点を考えたらどうだろう。ことばを登録する際のアイデアが浮かんでくるはずである。

① 使用頻度の高いことばを入れる

　コミュニケーションが成立する体験をするわけなので、使う機会が多いほど伝わる体験ができる。使用頻度の高いことばを入れると使う機会も自然と増え、コミュニケーションが成立する機会も増える。

たとえば「いただきます」や「ごちそうさま」など食事のときに必ず使うことばや「もっとちょうだい」「おなかがすいた」「のどがかわいた」などのことば等が考えられる。学校から帰ってきたらのどが渇いているので「のどがかわいた」と押すと「はーい」というお母さんの声とともにジュースが出てくるようにするのである。

② それを使って楽しくなるようなことばを入れる

　VOCA を使ったときにもう一度使ってみようと思うようなことばを選ぶことも大切である。使ってみたけれど面白くなかったというようなことばより、使ってみたら面白かった、楽しかったと実感できるようなことばを登録するのである。

　たとえば「こちょこちょして」とか「もっと」などのことばである。VOCA を使えば大好きなくすぐり遊びがしてもらえる。こうすればきっと自分から VOCA で要求してくるようになるに違いない。

　このとき注意しなければならないのは、生活年齢についてである。「こちょこちょして」などのことばは、生活年齢が低い場合には使うことができるが、年齢が高くなると使うことができないだろう。体の大きな高学年の男の子に「こちょこちょして」と言われて「こちょこちょこちょ」と言いながらくすぐることができるかと言われたら、女性の先生は、断るに違いない。その逆もあるだろう。生活年齢を考えることはとても重要である。忘れてはならないことである。

③ 人間関係をつくることばをいれる

　「お父ちゃんお帰り」や「ありがとう」などのことばは、人間関係をつくるうえで大切なことばである。このことばを発信することができるだけで、頭をなでられたり、笑顔が見られたりすることもある。お互いがいい気持ちになる関係を作るようなことばも考えてみるとよい。

④ 思いつかないときは空白でもいい

最初からVOCAのオーバーレイ（スイッチの部分）をすべて埋める必要はない。思いついたときに足せばよいし、不必要だと思ったら削除してもかまわない。登録や削除は柔軟に考えることが大切である。

　空いているところがあったら、もったいないと考えて、何が何でも埋めてしまわなければと考える人もいるだろう。しかし、使わないことばを入れても意味はない。空白が気になるのであれば、同じことばを複数か所、入れてもよいだろう。

　つまり、オーバーレイの別の場所を押しても同じことばが出るようにするのである。そうすれば、一つのスイッチのVOCAと同じような役割を果たすようになる。柔軟に考えることが重要なのである。

⑤ 自分で体験してみて選んでみる

　VOCAで、あることばを使ってみようと思う場面を思いついたら、指導する人がその場面を観察して、VOCAに一度そのことばを登録してみて使ってみるのがよい。指導する側がVOCAを使って、一度体験してみるのである。

　実際に使ってみて本当に使えることばなのかどうなのかを確認するのである。頭のなかだけで考えてみても成功するかどうかはわからない。失敗を経験するのは、それを使用する子どもたちである。子どもが失敗しなくてすむように、あらかじめ自分で試してみて、うまく使うことができるかどうかを検討しておくことは大切なことである。

　たとえば、VOCAを持ってファーストフードのお店に行ってみるというのはどうだろうか。一言も話さず、VOCAだけでやりとりして品物を手に入れるという体験をしてみるのである。体験してみて、より伝わることばを考え、登録するのである。VOCAでは音声を削除、登録する作業は簡単にできるので、その場で入れ替え

ながら、より伝わりやすいようなことばを選ぶのである。どのような
なことばが伝わりやすいのか、自分が実験台になるのも楽しいこと
である。

　日常的に VOCA を使っている子どもたち 4 人が集まって、ファー
ストフード店へハンバーガーを買いに行くという企画をしたことが
ある。

　どの子どもも日頃使っている愛用の VOCA を持って集合してき
た。全種類違う VOCA である。どの VOCA にもファーストフード
のお店でハンバーガーを買うことができるように工夫されたことば
が入っている。事前の打ち合わせなどはしていなかったのだが、お
店の人の対応もよく、どの子どもも自分の力でハンバーガーを買う
ことができ、子どもたちは大満足でハンバーガーを食べることがで
きた。

　一人で行くことが恥ずかしいと思ったら、仲間といっしょに出か
けてみるのもいいだろう。VOCA に入れることばを選んだら、あ
とは実行である。VOCA の威力は使ってみないとわからない。

④ こんなことがありました

耳ふさぎの、その理由は？

　VOCA を使うと、自分の困っていることを訴え、その状況を改
善することができることを目の当たりにしたことがある。

　学生たちがコミュニケーション指導をしている D さんのことで
ある。D さんはいつも耳を手でふさぎながら大学にやってくる。学
生たちはなぜ耳をふさぎながら大学にくるのかがわからず、その理

由を知りたいようであった。

学　生「先生、なぜDさんはいつも耳ふさぎをしながら大学に
　　　　くるのでしょうか」

坂　井「何かうるさい音でもあるんじゃないの、何がうるさいの
　　　　か観察してみたら」

学　生「どうすればよいですか」

坂　井「耳ふさぎをしているときと、していないときで何が違う
　　　　のか観察するようにすれば」

学　生「わかりました」

1か月ほど観察して学生がやってきました。

学　生「理由がわかりました」

坂　井「なんでしたか」

学　生「言いにくいのですが、実は、Dさんが耳ふさぎをしな
　　　　いのは先生がいないときだけでした」

坂　井「どういうこと」

学　生「Dさんが耳ふさぎをしないのは、坂井先生がいないと
　　　　きだけだったのです」

坂　井「えー」

たしかに、私がいないときの様子をビデオで撮っておくようにと
指示し、ビデオを見ると、確かに耳ふさぎはない。

　その後、指導の場面に立ち会っていると、Dさんが私のいる前
に椅子に座りVOCAを操作。このとき、Dさんは文字を入力して
VOCAで話すことができるようになっていた。

Dさん「小さな声でお願いします。さようなら」

坂　井「はい、さようなら（小さな声で）」

Dさん「うん」とうなずいて帰っていく。

　このとき以来、Dさんの耳ふさぎはないのである。

　耳ふさぎの理由は、私の声が大きかったということなのである。

しかし、そうやって伝えられたから私も理解でき、その後小さい声で話すようにしたが、伝えられなければ、今でもその理由はわからなかっただろう。

　相手にわかるように伝えるということは、自分の困っていることから逃れるためにも大切なことなのである。

　同様に、VOCA を使って表現することができるようになっていたために施設で虐待を受けていたことがわかった事例もある。自分の身を守るためにも、伝える手段を持っているということは重要なことなのである。

4章

わかるように
伝えるために
考える

これまで、表出性のコミュニケーションについて考えてきた。表出性のコミュニケーションを指導するための具体的な方法も提案してきた。自分の意思を相手に受け入れられる方法で伝えることの重要性について理解していただけただろうか。ところで、コミュニケーションは表出性だけではない。一方通行ではなく双方向だからである。

　そこで本章では、わかるように伝えるための工夫、つまり受容性のコミュニケーションについて考えてみたい。

 エコラリアが出たときには

「カンダラムジムジ」と言ってみたら

　病院の相談室での話である。小学校1年生の知的障害のあるASDのあるEさんと、保護者、担任の先生が相談に来た。担任の先生からは「Eくんは学校で時々、私の言ったことをまねします。まねしないこともあります。まねするときは、わざとまねをしているように感じます。このようなときには、どのように対応したらよいのでしょうか」というものであった。

　私は、まず学校の先生に「先生の名前は何ですか?」と尋ねてみた。先生は「○○○男です」と答えた。次に「今日はここまで何で来ましたか」と尋ねると「車で来ました」と言った。次に、私が先生の方を見て「カンダラムジムジ」と言ってみた。すると先生は「カンダラムジムジ」と返したのである。私は、先生に「なぜ、カンダラムジムジだけ、カンダラムジムジと返したのですか」と尋ねた。すると、先生はしばらく考えてから「わからなかったからです」と答

えた。

　次に、学生と遊んでいる E さんに「お名前は何ですか?」と尋ねた。E さんは「○○○太です」と返してきた。そして「病院まで何で来たの?」と聞くと「車」と言った。次に、E さんに、先生に言ったのと同じように「カンダラムジムジ」と言ってみた。すると E さんも、先生と同じように「カンダラムジムジ」と返してきたのである。先生が返してきたのと同じだったのである。私は E さんに「なぜ、カンダラムジムジと言ったの?」と聞くと、E さんは「わからん」と即答だった。

意図が伝わっていないから

　先生も子どもも「カンダラムジムジ」が、何を伝えているのかがわからないために、同じように「カンダラムジムジ」と返したのである。このように、相手の言葉と同じ言葉を繰り返すことはエコラリアと呼ばれる。このことからわかるのは、伝えられていることが何かわからないときには、だれにでもエコラリアが起こるということである。

　学校で ASD のある子どもに話しかけたときに、同じことばをそのまま返されるということはよくある。ASD のある子どもの支援や指導をしている人は、こちらの言っていることをそっくりそのまま繰り返された経験をだれもがしているはずである。

　子どもに「今日の天気は」と尋ねると、その子どもが「今日の天気は」と同じように繰り返すような場合である。これは「即時性のエコラリア」といわれるものである。そして、このようなエコラリアは、前述したように、何を言われているのかわからないときの私たちにもある。ASD をもつ子どもたちにだけあるものではない。では、実際に「即時性のエコラリア」が子どもの口から出たときに私たちはどのように考えればいいのだろうか。

「即時性のエコラリア」が出たときに、私たちが気づかなければならないのは、音声で伝えようとしたことがうまく伝わっていない可能性が高いということである。そして、こちらの意図を相手にわかるように伝えるためには、どのような方法や手段を採ればいいのかについて考えることである。音声ではうまく伝わらないのだから、何か別の方法を考えなくてはならない。

　では、どのような方法があるのだろうか。これを考える前に、ASD のある人がどのように物を理解しようとしているのかをみておきたい。

② ASD のある人たちは　どう理解しているのか

当事者から学ぶ

　最近になって ASD のある人たち自身が書いた本を目にする機会が増えてきた。また、ASD のある人自身を講師として招いた講演会も開かれるようになり、そこで、ASD のある人自身のことばを聞く機会も多くなってきている。

　本や講演会の内容から明らかになってきたことは、ASD のある人たちは、ASD のない人とは、少し脳における処理の仕方や感じ方が違うということである。

　本人たちや研究者が書いた本から少し引用してみる。

　まず、森口奈緒美である。彼女は日本で初めて ASD 当事者として手記を発表した人である。その手記が「変光星」である。その中に次のように書かれている。

私にとって「声」はどこかから聞こえてくる「音」でしかなかった。人の口から出る「声」は、私を素通りするだけで意味のある「ことば」だとは知らなかった。

ー森口奈緒美「変光星」よりー

　次は、ドナ・ウィリアムズである。1963年オーストラリア生まれのASDのある人である。「NOBODY　NOWHERE」という本が日本では「自閉症だったわたしへ」というタイトルで紹介された。世界で初めてASDのある人の精神世界を内側から描いた本だと言われている。この本からはASDがある人の理解の仕方がよくわかる。過去形のようにも読める書名はあたかも自閉症が治るかのような印象を与えてしまうが、そのような意味ではない。

　もっとも、私は外から入ってくることばや情報を、そのまま受け入れることができなかった。みな、いったん私の頭の中で、いくつものチェックポイントである複雑な手続きのようなものを経て、初めて読解させるのだ。同じことを何度も繰り返して言ってもらわなければならないこともよくあった。一度だけでは頭の中にはバラバラになったことばの断片しか入ってこず、言われたことをおかしなふうに誤解してしまったり、まったく意味がわからないままでいたりする。

　そのため、私の反応や答えは、たいてい一呼吸遅れてしまう。言われたことを整理して理解するのに時間がかかるからだ。そして緊張すればするほど、それが悪化してしまう。

ードナ・ウィリアムズ「自閉症だったわたしへ」河野万里子訳よりー

　次は、テンプル・グランディンである。1947年生まれのASDのあるアメリカの動物学者で、コロラド州立大学の教授である。

ASDがある人で、社会的な名声を得た人として知られている。彼女が書いた「自閉症の才能開発」には、次のように書かれている。

絵で考えるのが、私のやり方である。ことばは私にとって第二言語のようなもので、私は話しことばや文字を、音声付きカラー映画に翻訳して、ビデオを見るように、その内容を頭の中を追っていく。だれかに話しかけられると、そのことばは即座に絵に変化する。ことばで考える人たちにとって、これは理解しがたい現象であろう。（中略）私は幼児から十代にかけて、人は皆、絵で考えているものと思っていた。自分の思考法が他人と違っていいたことなど、つゆ知らぬことであった。

つい最近までは、その違いについて十分に認識していなかったと思う。会議や仕事中に他人がどんなふうに記憶を引き出すのか細かい質問をするようになってみて、視覚スキルは私の方が多くの人たちをしのいでいることがわかった。

ーテンプル・グランディン「自閉症の才能開発」カニングハム久子訳よりー

また、テンプル・グランディンを取材したことのある、イギリスの神経学者オリバー・サックスは、その著書「火星の人類学者」のなかで、テンプル・グランディンが語ったことを次のように紹介している。

他の子どもたちには何か起こっていた。非常な勢いで常に変化している微妙な何かだ。意志のやり取り、交渉、相互理解のすばやさ、それらがあまりに驚異的なので、他の子どもたちにはテレパシーがあるのではと思っていたほどだった。彼女にはそういった社会的な信号が感じ取れなかったからだ。今では推測できるが、しかし感じ取ることはできないし、この魔法のようなコミュニ

ケーションに参加することもできず、その裏にある重層的で万華鏡のような心の状態を理解することもできないと彼女は言った。

ーオリバー・サックス「火星の人類学者」吉田利子訳よりー

その他にも、ASD の当事者である小道モコが「あたし研究」の中で、視覚が重要だということを次のように表現している。

　　私は見えていること／モノがすべてだと思いがちです。
　　たとえて言うなら、視線ビームの行き届かないものは認知しにくい感じなんです。
　　私は自分が「見えないモノはないもの !?」傾向にあると、ずっと前からわかっていたワケではありません。ASD との診断を受けて、私が生活上困難な点、苦手なこと、等々をよく考えてみたら「見えてないから、考えるのがムズカシイんだ……」という結論に（あくまでも私なりの結論）に至ったんです。

ー小道モコ「あたし研究」よりー

もちろん人によってそれぞれ違いはあるだろう。しかし、ASD のある人たち本人が語っている得意なこと不得意なことについては、生活の場や教育の場、医療、福祉の場でも配慮する必要があるだろう。

③ 視覚的にわかりやすくすることが重要

TEACCH

このような ASD のある人たちの感じ方や見方を知ると、共通していることは、音声で伝えられたことは理解しにくいということである。

つまり、音声によるコミュニケーションがうまくいかないということである。そのための解決方法として、ASD の支援に関わる多くの専門家が、ASD のある人にわかるように伝えるためには、視覚的な情報を使って伝えることが大切であるといっていることが理解できる。

このような ASD のある人たちの理解の仕方を文化と捉え、尊重し、視覚的にわかりやすい環境を整えること（構造化）で、大きな成果をあげているのがアメリカのノースカロライナ州でショプラー教授らが開発した TEACCH プログラムである。「ティーチプログラム」と読む。綴りが違うのではないかと質問を受けることもあるが、間違っていない。TEACCH とは「自閉症及び関連するコミュニケーション障害の子どものための治療と教育（Treatment and Education of Autistic and related Communication handicapped CHildren)」のことで、その大文字の部分をつなげた造語である。

アメリカのノースカロライナ州立大学を基盤にして実践されている、ASD のある人やその家族、支援者を対象とした包括的なプログラムのことである。読者のなかには TEACCH プログラム関連のセミナーに参加したり、書物を読んだりして、視覚的な支援の必要性を知り、目で見てわかりやすくするためのいろいろな方法（構造

化）を工夫し、教育現場にうまく生かしている人もいるだろう。

　最近では TEACCH を Teaching, Expanding, Appreciating, Collaborating, Cooperating & Holistic として「教えること　拡げること　正しく理解すること　共同して協力すること　包括的であること」と紹介されることもある。

百聞は一見にしかず

　ところで、TEACCH プログラムでは、視覚的な支援を有効に使った構造化という方法を提案しているのであるが、このような視覚的な支援は、何も ASD のある人たちだけに有効なものではない。このことは、だれでもがわかっていることである。それは、多くの人は視覚からの情報を頼りにして生活しているからである。「百聞は一見にしかず」ということわざからも、聴覚からの情報と比較して、視覚からの情報が理解しやすい情報だということがわかるだろう。音声で伝えられたことを理解することに困っている人の場合、その人にわかりやすく伝えるために視覚的な情報に変えて提示することが有効なのである。

④　ある疑問

特別支援学校教員だったときに生じた私の疑問

　ASD のある人は、音声で伝えられたことを理解することが苦手であるということから考えると、ASD のある人には視覚的な支援をすることが有効であるらしいということはわかる。しかし、それは、ASD のある人に限ったことではなく、知的障害の有無にかか

わらず、視覚からの情報を得ることができる人ならだれにでも当てはまることである。

　つまり、視覚的支援が有効なのは、ASDのある人に限ったことではないのである。であるにもかかわらず「ASDのある人には視覚的支援が有効なのです」と専門家が言うことには何か理由があるのだろうか。

　私は、特別支援学校で子どもたちの指導者をしていたときに、そのことがとても不思議であった。なぜ、ことさらにASDのある人に対しては、視覚的支援が有効であるから、視覚的にわかりやすくした方がよいと言わなければならないのか、わからなかったからである。同じように考え、不思議に感じたことがある人もいるはずである。

　なぜ視覚的支援がASDのある人に有効なのか、その根拠が知りたいと思っていた私は、研修会等に参加するたびに、講師の先生に「ASDのある人たちに、なぜ、視覚的支援が有効なのですか」と聞いていた。このときに、どの講師からも決まって返ってくる答えは、大体次のようなものである。「ASDのある人は視覚優位だから視覚的支援が必要なのです」と。この答えからは「なぜ、ASDだから」ということは見えてこない。現場にいる人は、効果的な実践ができればよいので、実践を通した効果から考えれば、当たり前なのかもしれない。しかし、これでは答えになっていない。もう少し考えてみることにする。

　そこで、次章では、なぜASDのある人に視覚的支援が有効なのかについて考えてみることにする。ここが理解できれば、ASDのある人に対して視覚的支援が必要であることが、より明確にできると考えるからである。

5章

ASDのある人は視覚優位なのか

 ## 視覚優位とは

" 優位 " 2 つの意味

　最初に、視覚優位ということばはどのように使われているのかを考えてみる。視覚優位ということばには、二つの使われ方がある。一つは ASD のある人は、ASD のない人に比べて視覚優位であるという意味で使われる場合である。この場合は、ASD のある人は、ASD のない人たちよりも、生活するなかで、見て理解する情報処理の能力が優れているということになる。もう一つは、ASD のある人は、その人のなかで、見て理解する情報処理の方法と、聞いて理解する情報処理の方法を比較したとき、見て理解する情報処理の方法の方が優れているという場合である。

　ここでは、ASD のある人の視覚優位について考えたいのであるが、その前に、知的障害のある人の場合を考えてみる。発達という観点から、視覚的な支援のことについて少し整理できるのではないかと思われるからである。

 ## 知的障害のある人とは

厚生労働省の基準

　知的障害については、明確な定義があるわけではないということをご存じだろうか。その定義は、かなり大雑把だということであ

る。とはいえ、何か参考にしなければならないので、ここでは厚生労働省の「知的障害児（者）基礎調査」の定義を参考にしたい。そこでは「知的機能の障害が発達期（おおむね 18 歳まで）にあらわれ、日常生活に支障が生じているため、何らかの特別の援助を必要とする状態にあるもの」と定義されている。そして、知的障害であるかどうかを判断するために、以下のような基準を設けて、(a) および (b) のいずれにも該当する場合に知的障害があると判断されることになっている。

(a)「知的機能の障害」について

標準化された知能検査（発達障害のある人たちの得意、不得意を知るためのウェスクラー式知能検査によるもの、田中ビネー式知能検査によるものなど）によって測定された結果、知能指数がおおむね 70 までのもの。

(b)「日常生活能力」について

日常生活能力（自立機能、運動機能、意思交換、探索操作、移動、生活文化、職業等）の到達水準が総合的に同年齢の日常生活能力水準の一定の基準に満たないもの。

言語の発達には、聴覚、視覚、知能、運動、人との関係性が大きな影響を与える。知的障害がある場合、言語発達にかかわる構成要素のいくつかが統合できなかったりすることが考えられるため、言語の発達に遅れが生じることが予想される。

ところで、この言語の発達で特に重要なのが、ことばや音を聞き分ける能力と、聞いたことばからイメージを作る能力である。

ことばの意味を理解するためには、音を聞き分けることと、イメージを作ることが深く関連しているからである。そこでここでは、聞いて理解することと見て理解すること、そして、聞いたことばや音

や見たことからイメージする能力がどのように発達していくのかを確認しておくこととする。少し専門的な用語も出てくるが、おつきあい願いたい。

③ 聞いたり見たりしたことを
理解するための能力の発達

音は消えていく

　ことばや音を聞いて理解する能力は年齢とともに発達する。聴力は4歳ごろにはほぼ成人と同じくらい聞こえるようになる。しかし、知的障害がある人の場合、見て理解する能力の発達に比べると、聴力は正常に働いている場合でも、聞いて理解する能力は、遅れが大きいという報告が多くある。

　音として発せられることばは、瞬間的である。そのため、言われていることに気づきにくいということがあげられる。また、気づいたとしても、そこで聞いた音を順を追って理解する必要がある。

　たとえば「私はリンゴを食べたい」と聞いたとすると、①「だれが＝私が」＋②「何を＝リンゴを」＋③「どうする＝食べる」というように、頭の中で順番に理解していかなければならないということである（このような処理の仕方は、専門的なことばでは継次的な処理と呼ぶ）。また、音は消えてなくなってしまうという特徴がある。そのため、音として発せられた音の組み合わせでそれが何を意味するものなのかを理解しようと思うと、聴覚的な記憶を保持しておかなければならない。つまり「り」と「ん」と「ご」という連続した音の組み合わせから「りんご」という意味を取り出そうとすると、そこで発せられた音を記憶しておいて、次に発せられた音とつ

なげる必要があるということである。先に発せられた音から順番に
その音を覚えておかなければ、意味を取り出すことができないので
ある。「り」と「ん」で「りん」、「りん」と「ご」で「りんご」と
いうように、音を記憶して組み合わせて理解しているということで
ある。このような作業が必要なため、聴覚的な記憶の保持が苦手な
場合、発せられた音を覚えることができないことがある。

　その結果、伝えられたことがわからなくなってしまうことがある
ということである。記憶できる量は人それぞれで異なっているが、
大体7桁プラスマイナス2くらいであると考えられている。

視覚情報は消えにくい

　これに対して、視覚的な情報は消えにくいという特徴がある。文
字で示された情報は残しておくことができ、すぐに消えてなくなる
ことは少ない。黒板に書かれた文字などは、しばらくの間残してお
くことができるからである。残すことが可能なのである。それゆえ
何度も繰り返して見直し、確認することができる。その結果、音を
記憶することが苦手でも、見直すことができれば、理解できること
も増えると考えられるのである。

　また、知的障害のある人は、視覚的な認知側面は物への興味や関
心、物の機能的な操作、形や色の弁別等をとおして、遅れながらで
も発達していく。しかし、知的障害がある人の場合、物とことば（音
声）を対応させることには大きな困難を示すことがわかっている。
物とことば（音声）を関連付けるためには、ことば（音声）から、
その音の組み合わせが意味するものをイメージするための能力の発
達が不可欠なのである。しかし、このイメージする能力が十分に育っ
ていないと、物とことば（音声）が結びつかなくなるため、ことば（音
声）で意味されている物、ことば（音声）が意味している物が何か
がわからなくなってしまうのである。その結果、ことばが遅れてし

まうことになる。では、物とことば（音声）を関連づけるために重要な役割を果たすイメージを想起する能力はどのように発達するのか確認しておくことにする。

④ イメージする能力の発達は

イメージする能力とシンボルの想起

　さてクイズである。「問題です。木になる、赤くてまるい果物は何でしょう？」と問われたら、何と答えるだろうか。多くの人は「りんご」と答えるだろう。「木になる」「赤い」「まるい」「果物」という単語から、スーパーなどに並んでいる赤い果物が頭に浮かび、それは「り」・「ん」・「ご」という音の組み合わせである「りんご」を思い浮かべたからである。このように、対象となる物を「別のもの」で言い表したり、示したりすることができるのは、イメージする能力があるからである。そして、このイメージした「別のもの」はシンボルと呼ばれる。シンボルは、写真であったり、イラスト、文字であったりするが、そのなかで最も高次なものは言語ということができる。

　人間は8か月くらいから聞く能力と見る能力の発達によって、実際に見ている物とそこに関連している音との関係に気がつくようになる。その物ではないが、別のものが、それを表現していることがわかるようになるのは、頭の中でイメージする能力が発達したことによるものである。

　つまり、多くの人たちは、実物のりんごを見ている状況で、繰り返し「り・ん・ご」と聞く経験を積み重ね、その結果、物と音との関連性に気がつき「り」と「ん」と「ご」という音の組み合わせで、

赤い「りんご」を思い浮かべることができるようになるのである。

　イメージする能力とは、シンボルが示す対象との関連を記憶にとどめておき、必要に応じて記憶のなかから関連性の高いものを頭に思い浮かべる作業（難しいことばで想起するという）をするための機能のことである。

　特にことばの場合、それが示す対象との関係は、ことばを発したときの状況（文脈）によって変わるという特徴がある。たとえば食事のときに「はし」と伝えられたら「箸」を思い浮かべるだろうし、川のそばで「はし」と言われたら「橋」か「端」を思い浮かべるように、場面によってその意味が変わってくることが特徴としてあるということである。このように複雑な物なので、知的に遅れがあることによって、この関係性を結びつけることに時間がかかる場合は、聞いたことをイメージする能力の発達が遅れてしまうのである。

 知的障害のある人の場合は 視覚的な支援が有効である

聞いて理解よりも、見て理解

　これまで述べてきたように、知的障害のある人の場合は、個人のなかの問題で考えると、ことばを音として認識できても、そこから意味を取り出すことができにくいことが多くなると考えられるため、個人のなかにおいては、聞いて理解する情報処理の方法よりも見て理解する情報処理の方法の方が優位であるといえる。

　音声言語によることばが理解できない場合でも、同様のことを示す写真や実物を見せることで理解できることが多いということである。

⑥ ASD のある人の場合は どうなのだろう

必ずしも言い切れない「見て理解」の優位

　では、話を元に戻してみる。ASD のある人の場合はどうなのだろうか。

　ASD のある人たちと、ASD のない人たちとの間での、見て理解する情報処理の能力の違いに関しては、心理発達検査等の結果を比較検討する研究が数多く行われている。そこでは、ASD のある人の方が、細部の些細な変化に注意が向きやすいことや、積み木模様の成績が優れているということが明らかにされている。このような結果からは、ASD のある人は、ASD のない人と比べると見て理解する情報処理の能力に特徴的なところがあるということがわかる。

　とはいえ、この結果をもって、ASD のある人と ASD のない人を比べたとき、ASD のある人の見て理解する情報処理の能力が、ASD のない人の見て理解する情報処理の能力よりも優位といえるかというと、それはわからない。ASD のない人たちに比べて、見て理解する情報処理の能力が優位な可能性はあるが、わかっていることは、ASD のある人は、見て理解する情報処理の能力に特徴的なところがあるということである。

　では、個人のなかでの優位性についてはどうだろうか。ASD のある人の場合は、特に、聞いて理解する情報処理の能力に比べて、見て理解する情報処理の能力が優れていると言えるのかということである。

　ウェスクラー式知能検査の結果を比較した研究では、見て理解する能力に比べて聞いて理解する能力の数値が低いという結果が多く

出ている。

　しかし、これらの結果は、必ずしも見て理解する能力が絶対的に優れていることを示しているのではない。見て理解する情報処理の能力が特に高かったというのではないのである。耳で聞いて口から答えを出す項目の検査結果よりも、目から入力して手で答えを出す検査項目の結果の方がよい場合が相対的に多かったということなのである。

聞いて理解の方が優れている場合も

　私が病院等で相談を受けているケースでも、特に知的障害のないASDのある人の場合では、ウェスクラー式知能検査の結果を見ても、見て理解して答えを出す能力の結果と、聞いて理解して答えを出す能力の結果との間に大きな差が見られないケースは多くある。また、聞いて理解して答えを出す結果の方が優れているという検査結果がでている場合もある。これらの事実からは、ASDのある人は、個人のなかでも見て理解する能力が優位であるとは明確に言い切ることができない。視覚優位だとするならば、だれもが、見て理解して答えを出す結果の方が優れていなければならないはずだが、知能検査の結果は、必ずしもそうなってはいないのである

　ということは、ASDのある人の場合は、検査結果からは、ASDのない人と比べた場合は、見て理解する情報処理の能力に特徴的なところがあることはわかる。その結果、見て理解する情報処理能力が優位である可能性はある。しかし、これも可能性であって、はっきりと言い切れるわけではない。また、個人によっては、必ずしも見て理解する情報処理の能力が、聞いて理解する情報処理の能力よりも優位であるとは言い切れないということもある。

# 視覚的支援は有効なのか

日常生活における有効性についてはまだ議論が…

　これまで述べてきたような結果から、ASD のある人や知的障害のある人にとって、視覚優位だから、視覚的支援が有効であるといえるだろうか。先にも述べたように、知的障害のある人の場合は、個人の中で聞いて理解することよりも見て理解するほうが優位であると考えられるので、視覚的な支援が有効だということができる。これは、だれでも同じである。

　しかし、ASD のある人たちの場合は、視覚的支援に取り組んできている多くの指導者や支援者が思っているように、視覚的支援をすることが有効なのは、見て理解することが優位だからという理由であるとは言い切ることはできないのである。

　先にも述べたが、知能検査等の結果から、見て理解する能力に特徴があり、見て理解する能力が優位である可能性があることはわかる。仮に、知能検査等の結果から ASD のある人は、ASD のない人と比べて見て理解する能力の方が優位だという結論に至ったとしても、知能検査で評価される項目が、学校などの臨床場面や家庭での日常生活の場面における行動と、どのように結びついているのかという関連は明らかにはなっていない。つまり、知能検査等で出た結果が、具体的な生活のなかでどのように役に立つのかについてはわからないのである。

　私たちが、視覚的支援を行うのは、日常生活の場面である。検査場面とは状況が大きく異なる。このようなことから、知能検査の結果のみでは「ASD のある人は、見て理解する能力が優位だから日

常生活において視覚的支援が有効である」という根拠を導き出すことはできない。

　視覚優位ということと視覚的支援の必要性との関連については、結論が出るだけの議論が、まだ十分には尽くされていないということなのである。

　しかし、これらの研究結果が視覚的支援の必要性を否定するものでもないということも述べておきたい。

# 8　視覚的支援の優位

体験的な事実

　ASD のある人と関わっている人なら、実際の臨床場面や生活の場面で視覚的な手がかり等を使うことで、ASD のある人たちが音声だけで伝えたときよりも、伝えられたことを理解して動いていることを実感した経験のある人は多いはずである。ことばで伝えたときよりも、視覚的な情報を使って伝えた方が、こちら側の意図が容易に伝わったという経験は珍しいものではない。多くの人が、視覚支援があったから伝わったと感じているはずである。

　私も、ASD のある大学生からの相談の際に、相談の内容を整理するときに、図に書いて整理するという視覚的な支援をしている（私が用いているのはマインドマップという方法 = 図 9）。そうすることでこちら側の意図がうまく伝わったという経験は何度もしたことがある。このような経験から、視覚的支援が有効であることは実感している。また、先述の4章2に示した ASD のある人の話からも、視覚的な情報を頼りにして生活していることもわかる。

図9　マインドマップ

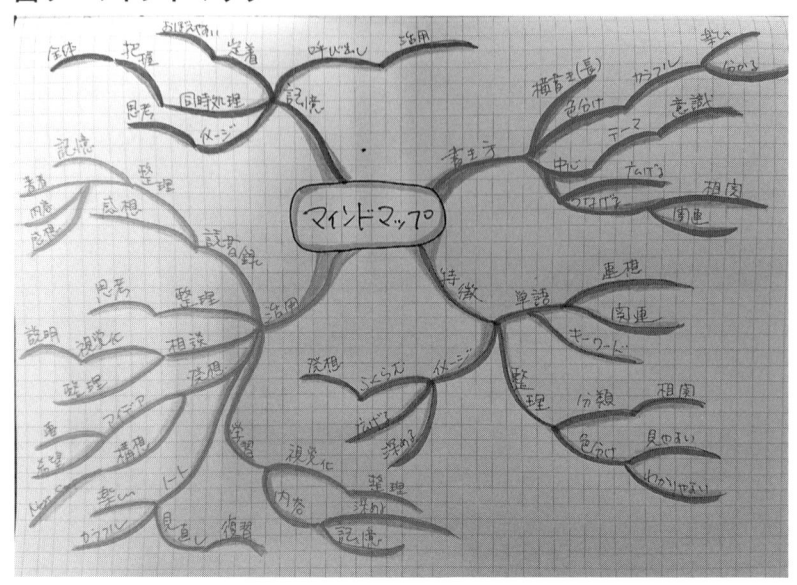

　このように考えてみると、視覚的支援が有効であるということは、現場で ASD のある人たちに関わってきた人たちが、体験的に積み重ねて得てきた事実であるといえるのである。それは、当事者の言っていることに耳を傾けながら支援をしてきた結果であるともいえる。

「伝わりやすい」という事実

　ここで参考になるのが、ASD の当事者のテンプル・グランディンの語っていることである。

　ASD の当事者であるコロラド州立大学のテンプル・グランディンは、その著書の中で、ASD のある人の独特な考え方は3種類あると言っている。それは、視覚思考（絵で考えるタイプ）、音楽、数学思考（音楽と数学で考えるタイプ）、ことばの論理思考（ことばの論理で考えるタイプ）の3種類である。

絵で考えるタイプは、具体物などを用いて概念を教えることが効果的だと述べている。また、言われたことを絵に置き換えて理解するとも述べている。

　音楽と数学で考えるタイプは、様式で思考し、物事の関連性を見つけることが得意だと述べている。

　ことばの論理で考えるタイプは、表や数字が好きで、それらを記憶することが得意であると述べている。

　このように、ASD のある人の思考パターンも一様ではないということがわかる。しかし、それぞれの思考パターンを考えたとき、いずれの思考パターンの場合も、音声で処理して考えているというよりも、視覚的な情報処理を使って思考している可能性が高いことが想像できる。絵で考えるタイプの場合はまさしく、視覚的な情報処理を介して思考しているということである。

　また、様式で思考する場合も関連性を見つける際には、継次的な関連性のみであれば、聴覚的な記憶を使って見つけることができるだろうが、同時的なものである場合、その関連性を見つけるときには視覚的な思考が必要になる。ことばの論理で思考する場合も、表や数字を記憶するのが得意というのであるから、表など記憶することを考えると、視覚的な情報処理を使って思考をしていると想像できるのである。いずれの思考パターンの場合も、視覚的な情報処理をした方がわかりやすいのではないかと想像することができる。

視覚支援が有効という経験的事実

　これまで述べてきた、研究の結果や、ASD 当事者の語っていることを整理すると、次のように説明できる。

　「ASD のある人たちが必ずしも見て理解する能力が優れているということではないが、実践的な場面での体験、当事者の語っていること等から相対的に考えると、聞いて理解する能力を使う方法を

使って伝えるよりも、見て理解する能力を使う方法で伝えた方が伝わりやすい」ということである。京都のフリーランスの精神科医である門眞一郎先生が 2010 年に述べているように「視覚的支援の優位」という表現がしっくりくる。

　このように、ASD のある人と関わってきた経験や、当事者が語っていること等から得られた情報から、ASD のある人には、見て理解できる情報の方が伝わりやすいという事実が得られたのである。そして、このインフォーマルな情報を積み重ねていくことから導かれてきた結論が、視覚的支援は有効であるという経験的事実だということである。

6章

構造化

視覚的にわかりやすく伝える

　視覚的支援が有効であるということはわかっていただけただろうか。ASD のある人たちへの支援をしている人が、視覚的にわかりやすくするための方法の一つに構造化がある。構造化ということばを見たり聞いたりしたことがある人も多いだろう。そもそも、構造化するとはどういうことなのだろうか。

　音声で伝えられたことを理解して行動に移すことが苦手なのだから、視覚的にわかりやすくして伝えることは、理解して行動するうえで重要な助けとなることはだれでも想像できる。視覚的にわかりやすく伝えるためにすることが構造化であると考えると、理解できるように構造化することは、受容性のコミュニケーションであるといえる。

　構造化には、次のような方法がある。「物理的構造化」「スケジュー

図 10　物理的構造化された教室

ルの構造化」「ワークシステム（アクティビティーシステム）」「ルーティーン」である。

「物理的構造化」とは、場所と活動を対応させることによって、そこに行けば何をすればよいのかをわかりやすく伝える方法である。学習の場所、遊びの場所、食事の場所、着替えの場所などをわかりやすく分けて伝えること等がある。「物理的構造化」によって、空間が構造化されるので、見通しが得られるのである（図10）。

「スケジュールの構造化」は、次にすべきことをわかりやすく伝えることである。次にすべきこと、一日の活動等をわかりやすく伝えることで、見通しを持って安心して行動することができるように

図 11　スケジュール

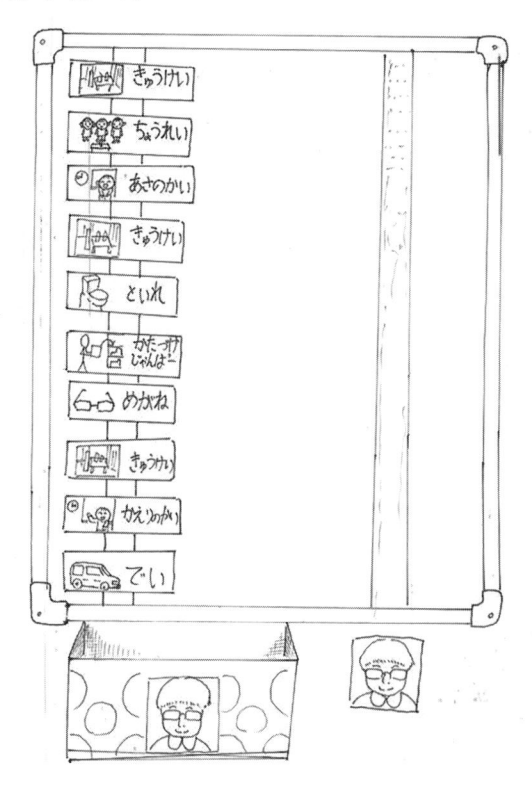

図 12　ワークシステム

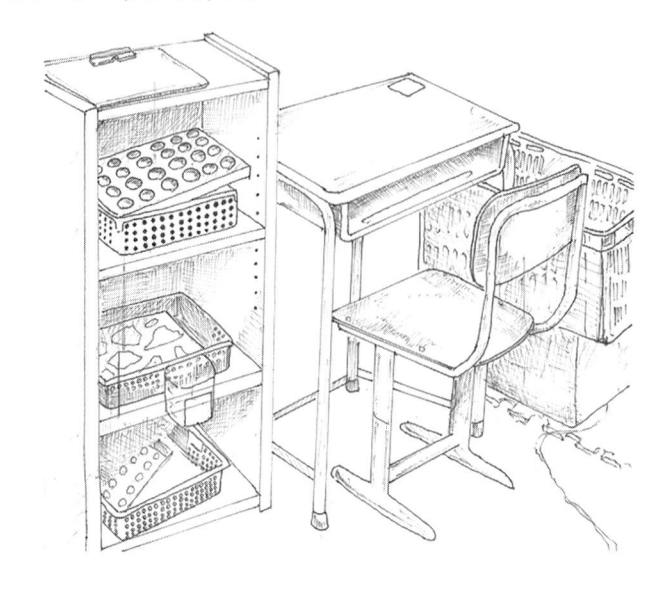

するためのものである。図 11 は、時間の構造化である。一日の活動で、次にすべきことがわかると見通しが持てるだろう。

　「ワークシステム（アクティビティーシステム）」とは、学習や作業をする場面で、何があるのか、どれだけするのか、どのようにするのか、終わった後、何があるのか等、課題の内容や作業の内容をわかりやすく伝えるものである。課題が終わった後、何があるのかも知らせるようにすることが大切である。これは、手順と課題の構造化である。何をするのかについて、どんなやり方でするのか、どうやったら終わるのかなどがわかるように伝えて、安心して課題に取り組めるようにするのである（図 12）。

　「ルーティーン」とは、いつも同じ手順で取り組むようにしたり、流れをいつも一定にしたりすることである。流れを同じにしておけば、見通しを持ちやすくなるからである。ルーティーンにすることで、いろいろなことを予測するためのエネルギーも節約できる。毎

回手順が変わったりすると、何をどのようにするのかが、わからなくなり、混乱することにもなる。混乱を避けるために、いつも同じ手順で取り組むようにするのである。

このように構造化は、見通しをもって安心した生活ができるようにするためには必要なものなのである。

 ## 冷たい感じが

ダンボールで仕切られた教室

ある人から次のようなことを聞いたことがある。

「物理的構造化について学んできました。でも、ついたてで囲まれた中で課題をこなしている子どもを見ると、とても冷たい感じがして、自分はこのように冷たく見える指導はしたくありません。それに、社会に出ればこのように物理的構造化された場面が常にあるわけでもないし。また、段ボールで仕切られた教室は、お世辞にもきれいとは言えません」というのである。

確かに、物理的構造化を必要としている子どもを指導している場面を見ると、冷たい感じがすることがあるかもしれない。自分がすべきことを理解して、一人でもくもくと課題に取り組んでいる様子を見るからである。また、自分たちが生活している周囲を見ても、そのような構造化が必ずしも行われているとはいえない。また、使い古された段ボールを使っての構造化を見ると、なぜ、ここまでしないといけないのかと感じることもあるだろう。私も最初、物理的構造化をして指導する場面を見たとき、同じような印象を持ったことを覚えている。

 ## なぜ構造化しないの

使用済み段ボールの環境に抵抗が…

　物理的構造化を冷たく思ったのは、私が次のような理解をしていたからである。

　一つは「教育においては、子どもたちは、先生がことばで言っていることを理解して動けなければならないし、そこにこそ心の交流がある。だから、声かけは大切にしなければならない」ということ。

　もう一つは「物理的に構造化しなければできないような状況を作ってしまうと、構造化されていない場面では何もできなくなってしまって、子どもが社会参加をするうえでかえってマイナスになる」というものである。また、それに加えて段ボールで仕切られた環境に違和感があったことも事実である。きれいな段ボールならともかく、使用済みの段ボールで仕切られた環境には、少し抵抗があった。

　このように、構造化することは、人と人との交流を妨げることになるうえに、社会参加する際にもマイナスに作用してしまう可能性があると理解していたのである。

　だからといって、音声だけで指導してもまったく伝わらず、どうしてわかってもらえないのだろうと、いろいろ考えてしまうこともあった。有効な手立てがないにもかかわらず、構造化することもなく、お互い混乱しながら教室で過ごしていた時期があったのである。

本当にそうでしょうか？

相手のことを知ったうえで構造化する

先述の一つめの疑問は「教師はいろいろな場面で、子どもたちに音声によることばがけをし、ことばのシャワーを浴びせることが、子どもの言語の理解が進む唯一の方法。それゆえ、ことばがけは重要である。また、そのことばがけをしないと、指導していないような感覚にとらわれ、自分が落ち着かなくなる」というような理由からきたものである。これまで出会ってきた多くの先生が、同様のことを言っていた。

しかし、ASDのある人たちの気質について学ぶなかで、次のようなことに気づいた。耳からの情報を上手に処理することができにくい人に対して、音声だけで話し続けることの方がおかしいのではないかということである。聞こえない人に対して、音声だけで話し続けている人はいないはずである。

ここで、少し自分だったらどうだろうかと考えてみる。もし、私たちが耳からの情報をうまく処理することができない場面に直面したらどのようになるのだろうかということである。

あなたが、ヒバリ王国に行ったとする。ヒバリ王国の住人は「ピーチク・パーチク」とヒバリ語で話しかけてくる。ヒバリ語はヒバリ王国の標準語である。ヒバリ王国の住人は親切なので、話しかけることがあなたに対する最善の方法だと考えて、善意で「ピーチク・パーチク」と話しかけてくる。生活の様々な場面で「ピーチク・パーチク」とやたら話しかけてくるのである。

このような状況が続けば、あなたはどうするだろうか。いつから

か、話しかけられたくないと思うのではないだろうか。相手から視線を外し、相手の顔など見なくなるだろう。また、逆に何かを期待されていると感じたら、相手の表情を頼りにしてその人と接することになるだろう。どちらも、ASD のある子どもと関わっていたらよく見る光景である。

　相手の表情を頼りにして接する様子は、指示待ちになっている子どもたちによく見られることである。音声で伝えられてもその内容がわからないのである。相手がどのような表情でこちらに話しかけているのかを確認することで、理解するしかないのである。

　このようなことを考えたとき、果たして音声で伝え続けることは、その人との関係においてよいことなのだろうか。相手はこちらのことを考えていたとしても、実はとても迷惑な話である。どう考えても親切な方法ではない。これはだれでもわかることだろう。もっと、相手のことを知らなければならないのである。

その人にわかるように伝えるための手段として

　では「社会は構造化されていないから、すべきではない」ということについてはどうだろうか。社会は構造化されていないのだから、構造化されていないところでも生活できるようにしないと、社会参加する際に困るというのがその理由であった。そのため、指導の場面では、あえて構造化せずに、ことばだけで指導するということになる。果たして、このような方法で指導の効果をあげることができるだろうか。

　最初厳密な構造化が必要だった子どもが、理解する力が育ってくるにしたがって以前ほど厳密に構造化の必要がなくなったというようなことは、構造化を理解して指導してきた人ならだれでも経験する（注意：だからといって構造化の必要がなくなるということはない）。

音声で伝えられたことを理解することができにくい人に対して、目で見てわかるように工夫し、その人にわかるように伝えるための手段が構造化なのであるから、わからない状況で指導するよりも構造化して指導する方が効果もあがるのは当然のことといえる。

また、社会は構造化されていないのかというと、よく見てみるとそうではないことにも気がつく。たとえば図書館の個別の自習室では、隣の人との間にしきりが作ってあるというのも構造化されている例である。また、道路に横断歩道があるのも渡る場所をわかりやすくするための構造化である。更衣室があって、そこで着替えるようにしているのも構造化されている環境だといえる。このように、実は私たちの生活環境もわかりやすく構造化されたのである。それゆえ「社会は構造化されていないのに…。」という理由で構造化しないというのは理由にならない。

おしゃれでかっこいい構造化を

使い古しの段ボールによる物理的な構造化への抵抗感は、正常な感覚である。その感覚は大切である。だれでも、支援を受けるとしたら、おしゃれでかっこいい方がよいと思うに違いない。

自分のこととして考えてみよう。自分の子どもが通う通園施設を選ぶような状況を想像してもらいたい。どちらかを選ばないといけないのである。AB両通園施設とも、支援についての考え方が同じで、施設職員の資質も同じであるとしよう。

A学園は、くたびれた使い古しの段ボールをついたてに使って、部屋を構造化している通園施設である。構造化についての理解もあるし、その中で子どもたちも理解して活動している。教材は手作り感満載で、先生方が苦労して手作りしていることが伝わってくる。

B学園は、おしゃれでかっこいいついたてを使って部屋を構造化している。構造化についての理解もあるし、その中で子どもたちも

理解して活動できている。教材は、手作り感はないが、携帯情報端末なども使って、おしゃれな感じがする。

　もしあなたがどちらかの通園施設を選ばなければならないとすれば、どちらの通園施設を選ぶだろうか。手作り感は伝わってくるが、使い古された段ボールを使って構造化している A 学園だろうか。それとも、おしゃれでかっこいい構造化がされている B 学園だろうか。どう考えても、B 学園であろう。もし、A 学園だという人がいたら、少し構造化について「おしゃれ」「かっこいい」ということばをキーワードにして考え直してもらいたい。おしゃれでかっこいい支援がよいに決まっている。

「伝わればよい」では不十分

　読者の皆さんがしている構造化は、だれもがかっこいいと思える、おしゃれな、うらやましがられる構造化となっているだろうか？少なくともきれいな構造化になっているだろうか。

　ASD のある人は、意見を言わないし、おしゃれだとか、かっこいいなどということはどうせわからないから、少々くたびれた段ボールでも、わかるように伝えられればよいのではと思っている人はいないだろうか？しかし、この発想は、ASD のある人たちのことを中心に考えてしていることだとは思えない。このような支援を続けていたら、おしゃれで、かっこいい ASD のある子どもは育たないであろう。

　わかればよい、伝わればよいというだけでは不十分なのである。ことばにして考えるならば、乱暴なことばで伝えているようなことなのかもしれない。おしゃれでかっこいい構造化をすることで、もっと上品なことばを使って伝えてみたらどうだろうかと言っているのである。構造化の考え方を否定しているのではない。おしゃれでかっこよく、ていねいな構造化というキーワードで簡単に解決する問題

である。

 ## これだけで十分ですか？

「いつまでするのか」を伝える

　今からすることが見てわかるように整ってさえいれば、伝えられたとおりに行動できるだろうか。「あなたならどうですか？」と問われたら、答えは「ＮＯ」だろう。「その理由は？」と聞かれたら「いつまでするのかわからないから」と答えるに違いない。今からすべきことはわかっていても「それをいつまでするのか」がわかっていないと、いくらわかりやすく伝えられても、そのとおりに行動することはできないであろう。なぜならば、終わりがわからないので、見通しを持つことができないからである。

　いつ終わるかわからないという見通しが持てない状況では、だれでも不安になるので、落ち着いて行動することができなくなってしまうのである。では、障害のある人たちに「いつまでするのか」をどのように伝えればよいのだろうか。

 ## 本当にわがままなのか？

やめることができない原因を知る

　構造化の工夫を取り入れている人は、課題の内容によっては、課

題の量を決め「なくなったら終わり」というルールを作ることで「いつまでするのか」を目で見てわかりやすく伝えることができるだろう。「いつするのか」「何をするのか」「どうやってするのか」「どれだけするのか」「終わったら次は何か」を構造化して伝えることは、ワークシステムとか、アクティビティーシステムと言われているものである。

　たとえば、ポーカーチップの色分けをするという課題の場合で考えてみる。そのとき、色分けしなければならないポーカーチップが入った箱があり、その横にポーカーチップをそれぞれの色に色分けした際に入れる色別のケースが用意されている。そして、色分けが進んで、色分けしなければならないポーカーチップのケースの中のポーカーチップが全てなくなったら終わりというようにするのである。最初のポーカーチップの量を調節することで、課題に取り組む時間を変えることも可能になる。

　しかし、課題が量で設定できない場合はどのようにすればよいのだろうか。たとえば自由時間などにブランコで遊んでいる子どもに「いつまでするのか」ということを伝える場合などである。多くの場合、先生や保護者が「はい、終わり」と言って、今していることをやめさせるという方法をとっているのではないか、と思う。それでも子どもがやめない場合には「もう終わりです。終わりと言っているでしょ。この子は本当にわがままなんだから」と言って、手を引いて無理やりやめさせているのではないだろうか。このような場合、まず、考えなければならないのは、その子が、先生や保護者から音声で伝えられた「終わりです」ということばの意味を理解できているのかどうかということである。

　子どもが先生の言っていることを理解できていないことは、学校でのあらゆる場面で見られる。ことばの意味はその時の状況や雰囲気などで大きく変わるものであるし、その場の状況が理解できてい

ない場合「はい、終わりです」と言われても、それが何を意味しているのかがわからないために、今していることを終わることができないと考えられるのである。このように考えると、今している活動を終わることができないのは当然である。

「終わりましょう」ということばで終われるのは、少なくともその状況で「終わり」ということばが何の終わりを示しているのか、何を終わらなければならないのかがわかっている場合のみである。

「わざと先生を困らせようとしている」とか「あの子は、わがまだ」と評価されてしまいそうだが、わかっているのに動かないのではない。そうではなくて、言われていることが何を意味しているのかがわからないことが、今していることをやめることができない原因となっているのである。

二つの大切なこと

では「この子は終わりということばについては、その意味はわかっているのです」という場合はどうだろうか。「終わり」ということばの意味はわかっているのに「終わり」と伝えられたときに終われない場合である。

ここで考えなければならないのは「終わり」と伝えられたら、だれでも終われるのかということである。先生や保護者が「終わり」と伝える場面は、次の予定などがあり、そのために、今している活動をやめてもらわなければならないという場面だろう。

たとえば、ブランコで遊んでいても、もうすぐスクールバスが発車するので、ブランコでの遊びを終わってもらわなければならないというような場合である。学校での日常場面でよく見かける光景ではないかと思う。

ところで、ちょっと考えてみよう。「今、ブランコでの遊びを終わらなければならない」という理由がわかっているのはだれだろう

か。それは、先生や保護者の方である。

　ブランコで遊んでいる子どもは、なぜ今、それをやめなければならないのか、わかっていないことが多いのではないだろうか。今しているブランコをやめなければならない理由が子どもには伝わっていないのである。その後の予定に見通しが持てているのは、子どもではなく、先生や保護者だけだということなのである。

　だとすると、ここで私たちが考えなければならないのは、次に起こることが何かを子どもにわかるように伝えるための方法を考えることと、もう一つは、納得して終わることができるようにはどうするのかということである。

　これは「終わり」ということばの意味が理解できているからよいという問題ではない。そのようなことに関係なく、今している活動を終われるようにするために、上記の二つについて工夫をしなければならないのである。

 スケジュールは必要ですか？

見通しをもつという安心

　見通しをもって生活するうえで重要なことは、次にすべきことが何かを理解することができているかどうかである。上記に示したように、次の活動がわからないのに「終わり」と伝えられても、終われないのは当然である。あなたなら「次は何をするの」「なぜ、やめなければならないの」と尋ねるだろう。理由を聞いて、納得できたら、今していることを終わることができるだろう。納得できなければ、今している活動をやめることはせず「いやだ」と言って、や

り続けるはずである。

　次の活動を伝えるためにはスケジュールを構造化して伝える必要がある。多くの人たちは、見通しを持って一日過ごすことができている。それは、その日のスケジュールを自分なりの方法で理解しているため、見通しを持って過ごすことができているということである。スケジュールに入っていないことが突然生じたら、混乱する人もいるだろうし、場合によったら怒る人もいるはずである。「そのような予定が入っているなど聞いていない」「急にそのようなことを言われても困る」と。

　多くの人は、一日のスケジュールや月ごとのスケジュール、年間スケジュールなどをアナログの手帳やスマートフォン、パソコンなどを使って管理している。カレンダーにすべての予定を書き入れているという人もいる。いずれにしても、自分にあった方法でスケジュールを管理しているのである。毎日のスケジュールがわからないまま生活している人はいないはずである。これらの事実は、不安から逃れるために、見通しが持てるように、スケジュールをわかりやすくし、安心できるようにしていることを意味している。手帳を自宅に忘れてしまって、とても不安な一日を過ごしたり、スケジュールのデータを誤って消してしまったために、とても不安になったりした経験をもっている人も多いに違いない。

　このスケジュールに見通しを持つということは、だれにとっても必要なことである。たしかに、障害のある人の中には自分でスケジュールを管理することが苦手な人がいる。文字や数字がわからないことが原因だったり、伝えられたことを理解して、スケジュールに入れることができなかったりする人もいるからである。だからといって、自分でスケジュールを管理できる人にはスケジュールを知ることが許され、自分でスケジュールを管理できない人は、スケジュールがわからないまま不安になる自分を抑え、生活しなければ

ならないということにはならない。なぜなら、だれでも安心して生活する権利があるからである。そのために、だれにとってもスケジュールが必要なのである。

　では、どのようにしてスケジュールを伝えていけばよいだろうか。障害のある人のなかには、多くの人が日頃、活用している方法ではスケジュールを理解できない人も多くいる。どのように工夫すればスケジュールを伝えることができるだろうか。

⑦　どのような方法がありますか？

理解力に応じて考える

　場所を移動する場合で見てみよう。学校であれば時間割にしたがって移動する場面が考えられる。施設であれば、食事や作業、風呂など移動しなければならない場面がある。

　先生が「次は何かなー」と子どもたちに問う場面を想像してもらいたい。ある子どもたちは、時間割の表を見て「音楽です。音楽室に行きます」と言って、自分で移動していくだろう。

　ある子どもは、先生から「音楽室に行きますよ」と促されて、移動するだろう。また、ある子どもは「行きましょう」と先生に手を引かれて移動するだろう。

　このときに工夫しなければならないのは「音楽室に行きますよ」と促されて移動した子どもと、手を引かれて移動した子どもである。「次は何かな」と言われて、自分で時間割を確認して音楽室に移動することができる子どもは、次の活動と場所がわかって移動できているので、今の時間割の表示で問題はない。

「音楽室に行きますよ」と促されて移動する子どもの場合は、スケジュール（この場合は時間割）を見て、活動の切り替えは理解できているが、次の活動が何かは理解できていない可能性が高い。

　次の活動が「音楽」で「音楽室に行く」ということが、今提示している時間割では伝わっていないのである。また、先生が手をつないで移動する子どもについても、その時間割では理解できていないため、先生と手をつないで移動することになるのである。

　このように手をつないで移動するという支援をしているとすれば、先生は「今表示している時間割では、この子どもは理解できていない」とアセスメントできているということになる。今の時間割ではわかっていないとアセスメントできているので、移動場所を具体的に伝えたり、手をつないで移動するなどの方法をとったりしているのである。もちろん、安全上手をつないで移動しなければならない場合もあるが。

　今の時間割ではわかっていないとアセスメントできているのだから、わかるように伝えるための工夫をしてみたらどうだろうか。移動場所をわかるように伝えなければならないとアセスメントできている子どもの場合は、時間割をその子にもわかりやすく表示する工夫があるだろう。先生からの具体的な指示がなくても自分で移動できるようになることが大切だからである。

　手をつないで移動しなければならない子どもの場合は、次の授業と移動先がわかるように伝える工夫からしていく必要がある。音符を音楽のシンボルに統一してカードにし、それを持って移動するようにするとか、カスタネットを持って移動するようにするなどの方法があるだろう。知的に重度の遅れがあるからという理由で、言われたとおりに動いておけばよいというのではない。できるだけ、自分でわかって動けるようにするために工夫して伝えるのである。それが、その子の将来の生活につながる大切なことだと理解しなけれ

ばならない。

　時間割にも文字だけのもの、写真を使っているもの、学校で共通のシンボルを入れたもの、具体物が並べられている物などいろいろあるだろう。子どもの理解力に応じて考えていくことが重要である。また、高等部などの生徒でスマホデビューをするような生徒の場合は、スケジュールをスマホで教えていくという方法も取り入れていけばよいだろう。

8 タイマーを活用してみる

見えない時間をわかりやすく

　スケジュールを理解して行動をすることと並行して、行動の切り替えも理解できるようにしていくことは重要である。わかりやすいスケジュールによって、次にすべきことは理解できるようになったものの、行動の切り替えができない場合があるからである。

　多くの人は時刻で行動の切り替えをしている。腕時計やいろいろなところに設置されている時計、スマホの時計等を見て、そろそろ終わりということを理解しているのである。しかし、時刻は見えるが、時間は見えない。

　見えない時間を障害のある人たちに伝えるためには工夫がいる。「あと少し」と言われても「あとちょっと」と言われても、想像することが苦手だと、どれだけなのかわからないからである。多くの人は、想像力を発揮し、周囲の状況や雰囲気等を察し、どのくらいなのかがわかるため「あとちょっと」という情報で通じるのであるが、見えないことを理解することができにくい障害のある人の場合、

それでは通じにくいということである。

「あと少し」ではなく、「あと 10 分」でもなく

　見えない時間をわかりやすく伝える工夫を考えなければならない。「あとこれだけ遊んでいいよ」ということを伝えるためである。「あと少し」だとわかりにくいので、具体的に数字を入れて「あと10分ね」と言ってみればよいのではないかと考える人がいるだろう。しかし、10分という時間は見ることができない。「あと10分ね」と言われても、10分という時間がどの程度の長さなのか理解しているのは、これまで、10分という時間をたくさん経験してきた人が、大体の感覚で理解していることであって「あと10分ね」と伝えるだけで、子どもたちが理解できるようになるかというと、そのようなことはない。そこで視覚的支援をする必要があるのである。

　このようなときに使えるのが、タイマーである。キッチンタイマーなどを活用して、残り時間を目で見てわかるように伝えるのである。そのときに使用するタイマーは、時間が減っていく様子を見て確認

図 13　タイムタイマー

できるようになっているタイプのものがよい。

　デジタルのタイマーは、残りの時間を数字では表示してくれるが、時間を量として示すことができないので、それを見て理解することは難しいので使いにくい。ないよりもましではあるが…。量として見えるタイマーは、なくなったら終わりというのがわかりやすいからである。

⑨　タイマーをどのように使うのか

かっこよく、おしゃれに

　タイマーを使う際には、スケジュールとセットで使うことが大切である。そして、時間についても「なくなったら終わりだよ」というルールを決めておかなければならない。このルールが前提にあってこそ、タイマーの活用が可能になる。

　今からする活動や次にする活動のシンボルなどを貼ったタイマーを持って遊びに行き、タイマーが鳴ったら自分で教室に戻ってくる。このように自分で動くことができるようになれば、より自立した生活につながっていくだろう。

　学校時代にタイマーを使って終わりを確認していた ASD のあるF君と同窓会で会った。同窓会にやってきたF君はタイマーを持っていなかった。彼は時々腕時計を見ているのである。見せてもらうと、流行のGショックをしている。そして、それはタイマーモードになっていて、同窓会があとどれだけで終わるのかが表示されていたのである。

　なくなったら終わりということが理解できるようになると、腕時

計のタイマーを使うこともできるようになる。その後、お母さんに「なぜ、Gショックにしたのですか」と尋ねたら「まだ、時々パニックになることがあるけれど、落としても壊れないし、もし、噛んだとしても壊れないから、それにかっこいいから」という答えが返ってきた。とても素敵な話である。

教師・支援者・保護者のセンスが大事

「かっこいい」というのは、これからの特別支援教育を考えるうえでも重要なキーワードである。卒業後の生活を考えたときに「おしゃれで、かっこいい」青年になってもらいたいと思うからである。そのためには、センスを磨かなければならないだろう。

子どもたちのセンスは学校教育と家庭教育で磨かれていく。学校に持っていく持ち物は、生活年齢にあった「おしゃれで、かっこいい」物になっているだろうか。子どもたちが、これを持ち歩くことが自然だと感じることができるようになっているだろうか。障害のある人たちが自分から言わないからこそ、教師と支援者と保護者のセンスが大切なのである。

同窓会の日、F君は、お母さんがセットした腕時計のタイマーの時間がなくなったのを合図に「時間がきたので失礼します。さようなら」と挨拶をして帰って行った。ちょうど会も終わるころだった。私はもう少しF君と話したい気持ちもあったが、時間がきたので終わりである。F君は、今でも「なくなったら終わり」を実践している律義な人なのである。

 ## 切り替えには心の準備も必要

納得して終えるための音楽

　視覚的にわかりやすいスケジュールと、時間を視覚的にわかりやすく伝えることができるタイマー、この二つがあれば、それで十分だろうか。「これだけで、うまく伝わるから大丈夫。これだけやっているのだから理解できるはず。スケジュールのとおり動けなければ、それは、どう考えてもわがままである」と考えている人はいないだろうか。

　このように考えると、わがままな発達障害のある子どもや、わがままな知的障害のある子どもがとても多くなるだろう。スケジュールとタイマーの二つをちゃんと取り入れているにもかかわらず、活動の切り替えを伝えることができなかった経験をしている人も多いはずである。私も同じような経験をしたことがある。

　私は病院でコミュニケーションの教室を開いて、子どもや保護者、関係者の相談に乗っていた。そこには、コミュニケーションするための様々な工夫を聞きに、多くの親子が来ていた。お母さんやお父さんと話している間、子どもたちは好きなおもちゃを出して遊んでいる。楽しく遊んでいるのであるが、相談の時間は30分と決められている。30分たったら次の相談者がやってくるのである。

　もちろん、相談の後の予定について視覚的に示し、確認し、残り時間がわかるようにするためのタイマーも導入していた。ところが、ここまでわかるように示しているのに、遊びをやめることができない子どもが結構いたのである。次の活動もわかっているのに、タイマーが鳴っていても遊びがやめられないのである。

お母さんは事情がわかっているので「おしまいです。帰りますよ」と言って、遊び道具をかたづけようとするのであるが、子どもはなかなか遊びをやめてくれない。その結果、無理矢理遊びを終わらせなければならず、相談室から連れ出さなければならないこともあった。なかには「いやだー」と大声で泣いて抵抗する子どももいたのである。

　タイマーの残り時間では終わりがわかっていても、遊びを途中でやめることができない子どもがいるのである。タイマーは時間を視覚的にわかりやすく示すが、終わりを示す音は突然聞こえる。終わることはわかっていても、納得して終わりを受け入れられない子どもも多かったということである。なぜ、うまく伝えられないのか、せっかく相談に来ているのに、そこで子どもがかんしゃくを起こしてしまい、その様子を見た母親が、「すみません。ごめんなさい」と言って、つらそうに母親と子どもが帰っていくのである。その様子を見るたびに、何とかならないものかと考えていた。

夕焼け小焼けのメロディー

　このとき思い出したのが、小学校時代、放課後の運動場で遊んでいたときにかかっていた「夕焼け小焼け」のメロディーだった。「夕焼け小焼け」のメロディーが聞こえてきたら、いくら遊びたくても「バイバイ」と言って、家路についたことを思い出したのである。

　「夕焼け小焼け」のメロディーは10分ほど鳴っていた。その間に遊んでいる物をかたづけ、ランドセルを背負って帰っていたのである。その後、運動場は閑散としていて「もっと遊びたい」と言って泣いている子どもはいなかった。それは、夕焼け小焼けのメロディーが、遊びの終わりを示していることが理解でき、それが鳴っている間が、終わりを納得して受け入れるための時間となっていたからである。

そこで、私も相談が終わる2〜3分前に、決まった音楽をスマホで鳴らして、それが鳴っている間に、遊んでいる物を少しずつ片付けていくようにした。

　「あーあ、音楽が鳴り始めた、今日は終わりかー」と言いながら一緒に遊んでいたおもちゃを片付けるようにしたのである。その効果はてきめんだった。音楽を使い始めてからは「帰るのはいやだ、まだ遊ぶ」と言って泣く子はいなくなった。知的に重度な子どもも自分から遊んでいたおもちゃを片付けるようになったのである。お母さんも私も無理矢理、子どもを部屋から連れ出す必要がなくなったということである。納得して終わることができるということはとても大切なことである。納得するためには少し時間が必要なのである。

7章

構造化に魅了されているあなたへ

 **その構造化は間違い**

構造化に魅了されていたばかりに

先日、ある人から質問を受けた。「構造化して、わかりやすい環境を整えるようにしています。構造化を導入してすぐに効果がありました。場所を理解して移動できるようになったからです。でも、最近、移動するのを嫌がるようになった子どもがいるのです。そこに行くのを嫌がっているようなのです。どうしたらよいのでしょうか?」というものだった。

私は構造化に魅了されていた時期がある。ASD のある人たちにこちらの期待どおりに動いてもらうためには、構造化することが必須であり、そうすれば、問題行動も減り、指導しやすくなると理解していたのである。

ある研修会で構造化した指導のモデルを示したときのことである。ASD のある子どもに作業課題に取り組んでもらい、それを研修会の参加者に見学してもらって、構造化の実際を体験してもらうというものだった。そのときの私は、構造化について上述のように理解していた。すべきことをわかりやすくし、こちらの意図をわかりやすく伝えているのだから、そのとおりにできるのが ASD のある人だ、だからできて当然という勝手な理解である。構造化してわかりやすくすることは、私の指示を伝えるための、とても便利な方法だったのである。

研修会当日も、そんな調子で、作業場所を物理的に構造化し、スケジュールを構造化し、課題の内容も量もわかりやすく提示し…。これで、私も成功体験ができ、協力してくれる G 君（中学生の

ASD のある男の子）にとってもよい経験になる。そして、この研修会に見学に来た勉強熱心な人にも、仕事の場や家庭ですぐに実践できる構造化の方法を持ち帰ってもらえると思っていた。

私が経験した大きな落とし穴

　課題は、ボールペンの組み立てである。どのようにするのかをわかりやすくするために、ボールペンが組み立てられていく過程を描き、左から右にその絵のとおりに組み立てていけば、ボールペンが完成するというものだった。

　材料がなくなったら終わりということにし、材料を入れるケースには、この時間で利用するだけの材料を入れておいた。そして、スケジュールを確認し、見学者が来る５分ほど前から課題に取り組んでもらった。

　このとき、G 君はすごいスピードでそれを組み立てていったのである。そのスピードは私が想定していたよりもかなり速かった。そのため、見学者が来るまでにボールペンの材料がすべてなくなってしまったのである。ここでこのまま終わったら、見学者に構造化の実際を見てもらうことができなくなってしまう。どうすれば……と悩むところだが、私の場合は違っていた。

　「構造化すれば ASD のある人たちは私の期待どおりに動いてくれるから大丈夫」と思っていた私は、見学者が来る少し前に、ジグ（ボールペンの組み立て方をわかりやすく示した絵）を反対に向けて G 君の前に置きなおした。そして、出来上がっていたボールペンを左に置き、部品を入れるケースを右に置き、急きょボールペンを分解する課題にしたのである。今から考えれば、これが大きな落とし穴だった。

　当然、G 君は怒り出した。その結果、たくさんの見学者の前で大きなパニックを起こしてしまったのである。悲しいことであるが、

このとき私は、G君がなぜパニックを起こしたのかがわからなかった。

　傲慢な私は、構造化しているのにパニックを起こしたG君の方が悪いと思っていたのである。なぜ、この子の担当になったのか、もっとおとなしい子どもだったら、このような失敗をせずにすんだのにと、主催者が選んだモデルに責任があると感じていた。今から考えても申し訳ないと反省することしきりである。

② この失敗が語ること

行動管理の手段ではない

　なぜ、G君が怒ったのか。G君の側に立って考えてみると簡単に理解することができる。

　　私　　ボールペンの組み立ての材料をジグといっしょに持って来てセットし、スケジュールを確認するためのカードをG君に渡す。

　　G　君　スケジュールを確認しよう

　　　　　次は作業だな。作業もシンボルが書いてあるからぼくにはわかる。

　　　　　作業のコーナーにはボールペンの材料が入っているな。ジグを見てみよう。

　　　　　あーそうか。今からするのはボールペンの組み立てだ。前にもしたことがある。

　　（材料を作業台にセット）

　　　　　材料はこれだけだからこれだけすればいいんだ。

なくなったら終わりだってことは見たらわかるよ。

終わったらゲームができる。それは、スケジュールには
そう書いてあった。

確認したから大丈夫。さあ課題をやってしまおう。

あとこれだけだな。やったー終わった。

私　ここでジグを反対に向けて、材料を置きなおす。

（見学者登場）

G　君　ちょっと待ってよ。約束が違うんじゃないの？

終わりでしょ。だって材料なくなったよ。えー何をする
んだよ。

今、組み立てたばかりじゃないか。今度は分解だって。
ふざけるなよ。

いつになったら終わるんだよ。

もういやだー…。ドカーン！！（パニック）。

　G君がこのようになったのはなぜなのか、だれにでもわかるだろ
う。私が自分の都合で構造化を利用し「なくなったら終わり」とい
う約束を破ったうえに、今組み立てたばかりのボールペンを分解す
るよう強要したことに原因があるのである。パニックになって当然
である。だれでもこのようにされたら怒るだろう。終わりもわから
なくしたうえに、今、組み立てたばかりのものを分解するように伝
えたのである。怒って当然である。

　しかし、構造化の魔力に魅せられていた私は、こんな基本的なこ
とにも気がつかなくなっていたのである。完全にパワハラである。
G君のことを考えていたら、このようなことにはならなかったであ
ろう。相手のことを真剣に考えていたら、このような構造化をする
はずがない。構造化は、行動管理するための手段ではないのである。
私のこの失敗は次のことを教えてくれる。

○構造化は、行動を管理するために行うのではない

○構造化は、わかりやすい環境を整えること。だから、楽しいこと
　も嫌なことも伝わる

○構造化は、わかりやすく伝えることなので、そのルールを支援者
　側の都合で勝手に変更すると、約束を破ったことになる

○構造化は一歩間違うとパワハラになる

忘れてはいけないこと

　自然に考えたらごくごく当たり前のことなのに、なぜ、このよう
な失敗をしてしまうのだろうか。これは、構造化を行ってみた人な
らだれでも経験することなのだが、構造化すると ASD のある人た
ちに伝わりやすくなるので、知的障害が重度であっても、期待され
ていることを理解して行動できるようになることが多い。

　それも、これまで様々な声かけや思いつく方法で伝えても動けな
かった人が、落ち着いて行動するのである。構造化の力を目の当た
りにした瞬間、それは、支援者にとって、とても気持ちのよいもの
である。それゆえ、支援者側の都合で構造化するようになってしま
うのである。ASD のある人が、こちらの都合であったとしても伝
えたとおりに行動してくれるので、関わっていても楽になるからで
ある。

　私は構造化について誤った理解をし、障害のある人たちに、私が
期待する行動を強要していたということである。常識的なことも理
解できなくなってしまうのである。構造化に魅了されている人がい
たら要注意である。当たり前のことがわからなくなってしまってい
ないか、一度実践を振り返ってみる必要があるだろう。

　構造化は受容性のコミュニケーションである。わかるように伝え
るために構造化していることを忘れてはならない。これが先の方の
質問に対する答えである。つまり、移動した先で何をするのかがわ

かるようになったので、それをしたくないと思ったら移動するのがいやになったということである。

　私の場合はG君があのとき大きなパニックを起こして私にメッセージを送ってくれたのである。「あなたのしている構造化は間違っている」と。ありがたいことである。

 じゃあどうすればいいの

生活しやすくするために環境を整理して伝える

　構造化して環境が整っているということは「いつ」「どこで」「何を」するのかがわかりやすく伝わるということである。本人が好んでいることも、好んでないことも、伝わるのである。嫌なことを強要されると知っていたら、そこに行くのは嫌になる。これはだれにとっても同じである。

　私が失敗したのは、ASDのある人に上から目線で関わるという、あってはならない対応をしてしまったことが原因であった。

　行動管理するために構造化を使ってしまうと「こうしなければだめ」「こうしてはだめ」「このようにしなさい」ということだけが見える世界になってしまう。それは楽しい世界ではない。いやなことがいつも見えてしまうのである。積極的に活動することなどできない世界である。

　ところで、このような失敗について話していたら「構造化するから、さっきのようなパニックが起こるのだから、構造化しない方がいいのでは」という声が聞こえてくる。そのような主張をする人と話していると「ASDのある人が、支援者が伝えたことを理解しな

くて、不適切な行動をしているのだから、その行動は社会で通用しないということを強い指導をしてでも教えなければならない」と言っていると感じる。

　社会で通用しない不適切な行動そのものを抑えなければならない。そのため、場合によっては、強い指導も必要であると言っているのである。

　果たしてそうだろうか。音声言語ではうまく伝わらないことが多いのである。周囲の情報をわかりやすく整理することを助けるためには、やはり構造化して伝える必要がある。わかるように伝わるから「いやかー」「じゃあこれだけはしてみよう。そのあとにはこんな楽しいこともあるし」ということをも構造化することで伝えればよいのである。

　構造化に対する批判を聞くとき、それは「構造化によってロボットのように人を動かしているように見えるから」というものが多い。構造化を間違って使っているからこのように見えるのである。

　しかし、構造化はそのようなものではない。構造化するということは、周囲の状況を整理して処理することを苦手としている人に対し、生活しやすくなるように、環境を整理して伝えることなのである。繰り返す。構造化するとはわかりやすく伝えることなのである。受容性のコミュニケーションなのである。

　このことをもう一度確認してもらいたい。果たしてあなたのしている構造化は、受容性のコミュニケーションとして機能しているだろうか。パワハラになっていないだろうか。

8章

構造化だけでは

# 儀式的行事で

「お願いだから…」

　必要な構造化で、わかりやすい環境を整えることができるように
なると、子どもたちは落ち着いて活動できるようになる。しかし、
落ち着いて活動できるようになった子どもでも苦手なことがある。
それは、学校等で実施される儀式的行事である。

　構造化された環境を整えているにもかかわらず、儀式的行事を苦
手としている障害のある子どもも多い。なぜ、構造化することによっ
て落ち着きを保つことができるようになった子どもでも、儀式的行
事には落ち着いて参加できないことが多いのだろうか。

　入学式に参列している子どもたちに「大切なお祝いの式だから、
お願いだからこの時間だけは静かに座っていてね」「この式が終わっ
たらブランコで遊べるから、この式の間だけは大きな声を出さない
で」「おりこうにしていたら先生の紅白饅頭もサービスするから、
お願いだからみんなに迷惑をかけないでね」と伝え、祈るような気
持ちで、ハラハラしながら入学式の時間を過ごした経験のある先生
や保護者も多いだろう。その時間は、たとえ短時間であっても長く
感じられたはずである。

　学校の教育課程のなかに位置づけられている儀式的行事に、子ど
もたちが参加しやすいようにするために、どのような工夫ができる
だろうか。

② 儀式的行事の位置づけ

思い出に残る大切なもの

　学校の教育課程には、学校行事があり、そのなかには入学式、卒業式、始業式、終業式などの儀式的行事が含まれている。

　小学校学習指導要領解説　特別活動編には「学校生活に有意義な変化や折り目をつけ、厳粛で清新な気分を味わい、新しい生活の展開への動機づけとなるようにすること」と記されている。儀式的行事にはこのような意味がある。

　子どもたちが、ただ単に参加するだけの行事であってはならないのである。また、入学式や卒業式は、新入生や卒業生にとって一生に一度しか味わうことができない特別なお祝い、つまり、思い出に残る大切な式典だということである。

③ ある質問

日頃はできているのに…

　先日、ある学校の先生から次のような質問を受けた。「うちのクラスにいる ASD のある子どもは、儀式的行事になると、大きな声を出したり、立ち上がったりするのです。静かにしなさいと言っても、わかってくれないし、別の部屋で一人だけの式をしようかとも思うですが、何かよい方法はないでしょうか」というものであった。

もちろん構造化のアイデアを用いて、座る場所を明確にして、その日の式典のスケジュールも見通しを持つことができるように工夫し、本人が自分で終わりを意識してチェックできるようにもしているということであった。日頃は構造化された環境で落ち着いて行動することができているのである。できる限り構造化してわかりやすくしている儀式的行事であるにもかかわらず、静かに参加できないのである。

　ここまで配慮しているのにうまくいかないのであれば、別室での参加と考える人もいるだろう。しかし、本当に手立てはないのだろうか。

4　構造化が通用しない？

話の内容がわからない

　ではなぜ障害のある子どもたちが、構造化して工夫してあるにもかかわらず、儀式的行事の最中に立ち上がったり、声を出してしまったりするのだろうか。

　ここで、自分のことにあてはめてみてはどうだろう。私たちが講演会などに参加して、話を聞くことができるのは、①いつするのか、②どこでするのか、③何をするのか、④いつまでするのか、⑤終わったら、次に何があるのか、ということを知っていて、見通しが持てているからである。そしてもう一つ、大切なことがある。それは、⑥話されている内容がわかるからである。

　見通しが持てて、かつ、話の内容がわかるから、講演会の席に座っていることができるのである。もし、これらのうちの一つでも欠け

ていれば、その場に座っていることなどできないだろう。障害のある子どもたちの場合もそれは同じである。それゆえ、儀式的行事に参加できるように工夫する必要が出てくるのである。

①〜⑤については、構造化して伝えることができる。しかし、⑥の話の内容については、構造化しても伝えることはできない。行事の流れは、構造化して伝えることができたとしても、話の内容がわからなければ、その場にじっと座っていることなどできない。

もし、私たちが参加した講演会で、講演者が「ピーチク・パーチク」と、意味のわからないことを何十分も話したらどうするだろうか。だれも正面を向いて、集中して話を聞くことなどできなくなる。

儀式的行事に参加している子どもたちのなかの何人かは、話の内容を理解できないことが原因で儀式的行事の最中に声を出してしまったり、体を動かしてしまったり、寝てしまったりするのである。もしそうであるならば、それは仕方ないことだろう。話の内容がわからないところに何分間もじっと座っていることは、だれにとっても難しいからである。

⑤ どんな工夫がありますか？

儀式的行事をわかりやすくする手段

障害のある人のなかには、音声で伝えられたことばを理解することが困難な人たちがいる。しかし、なかには、写真や絵、具体物を見ることで理解できる人もいる。このことから考えると、目で見てわかるように話の内容を変換することができれば、儀式的行事にも参加しやすくなるはずである。

聞こえない人たちには手話通訳があったり、要約筆記があったりする。国際会議に参加すれば同時通訳がある。話されている内容がわからないから、知的障害のある人や、ASDなどの発達障害のある人たちが参加できないのであれば、わかるようにする工夫をすればよい。このように考えると儀式的行事をする際の工夫についてのアイデアも浮かんでくるだろう。

　最近、講演内容を同時に絵にしながら伝える取り組みが始まっている。話の内容をその場でマインドマップ（96頁図9参照）のような視覚情報に変換して伝えるという取り組みである。

　先日、私の講演もその場で視覚的に表示してもらった。その結果、とてもわかりやすい講演会にすることができた。講演終了後も、内容を確認しながら議論することも可能であった。

　これは、グラフィックレコーディングという方法である。話し手の話す内容をリアルタイムで視覚化するので、話の内容がわかりやすく伝わるのである。図14は、私の講演をグラフィックレコーディ

図14　グラフィックレコーディング

ングしたときの一部である。参加者の中には、これを写真で撮って帰り、振り返りをするという人がいた。

パソコンのプレゼンテーション用のソフトを使って、話の内容を伝えるという方法もあるだろう。私たちが研修会に参加するときに、講演の内容をわかりやすくするために、プレゼンテーション用ソフトを使うのと同じ感覚で導入するのもよいのではないだろうか。

私も子どもたちに話すときには「Prezi（プレジ）」というプレゼンテーション用のソフトを使ってわかりやすく伝えるようにしている。

一度、儀式的行事をわかりやすくするためのアイデアについても考えてみてはどうだろうか。あなたの学校の儀式的行事はわかりやすいものになっているだろうか。

 6 事前に知らせるという方法もあります

何回か練習してみる

障害のある人たちのなかには、初めての行事などが不安で混乱してしまう人がいる。特に小学校や特別支援学校の入学式などがこれに該当するだろう。だれでも初めて経験することにはとても不安になるに違いない。保護者もそれがわかっているので、明日ある入学式についてことばでいろいろ説明するだろう。「校長先生が話すのを聞くのよ」「名前を呼ばれた返事をするのよ」「静かにするのよ」などと。

入学式の前に、自分の座る場所や式の流れ、動線などを確認する機会を設けるというのはどうだろうか。子どもが参加できるかと、

不安に感じている保護者もいるに違いない。小学校生活のスタートである。つまずかないようにと考えるのは、だれでも同じであろう。

「どこで待機していて、どの入り口から、どのタイミングで、どの順番で、どうやって入場して、どの場所に座り、どのタイミングで立ったり座ったりするのか、スケジュールはどうなっているのか」といったことが不安なのである。そこで、事前に一度経験しておくのである。保護者といっしょに経験しておけば、安心できる子どももいるはずである。

私が校長をしている香川大学教育学部附属坂出小学校でも、入学式の前日に、入学式への参加に不安のある子どもと保護者に対して、事前に練習する時間を設けている。複数組の新入生と保護者がやってきて、当日の動きや座る場所、流れを一通り練習して帰っていった。

翌日の入学式本番では、混乱することなく参加できていた。一度経験しておくと安心することができたからである。という私も、この事前の練習に参加した。私も初めての経験で、とても不安だったからである。異動してきた校長も、新しく採用された校長も、事前に何回か練習するのではないだろうか。初めての経験はだれでも不安なものである。

9章

生活に生かすためにどうする

# 学校ではできるのに

「生活する力」がついたはずなのに

　子どもが、着替えができるようになったり、靴を履くことができるようになったり、トイレに行くことができるようになったりしたとき、学校で学習した内容が、ついに子どもに身についたと実感できる。

　子どもが何かできた瞬間に出会うことは、保護者にとっても、療育、教育に携わるものにとっても大きな喜びを感じるときであろう。そして、その瞬間は、学校で学習したことが「生活する力」となった瞬間でもある。

　先日受けた質問は次のようなものであった。

　「うちのクラスにいるＨ子さんは、トイレに行くことができるようになったり、着替えができるようになったり、力は伸びてきていて、学校でも落ち着いて学習に取り組むことができるようになってきています。

　でも、おうちのほうでは、いろいろと問題が出てきているのです。たとえば、他の兄弟のために買ってきたジュースを冷蔵庫に入れておいたら、そのジュースを全部一人で飲んでしまったり、洗濯のときに洗剤を全部入れてしまったり、一回のお風呂でシャンプーを全部使い切ってしまったりするのです。

　そのため家族がとても困っているのです。なぜこのようになってしまうのでしょうか。家庭のことなので、学校のようにうまくいかないのは仕方ないようにも思うですが、何かいいアイデアはないものでしょうか」というものであった。

学校や療育の場で目に見えて伸びが見られる子どもでも、家庭では同じようにできないこともある。学校、療育の場でできるようになったら、家庭でも同じようにできるようになるかというと、必ずしもそうではないということである。

② 暮らしの中で生きる力に

「共同の理解者」

　家庭での悩みを聞いて、それを解決するためのアイデアを提供することは、学校の役割の一つとしてとても大切なことである。学校教育は、そこで学ぶ子どもたちに「生きる力」を育成するということを基本的なねらいとしているからである。

　学校で取り組むことなので、限界はあるが「家庭での問題だから学校では対応できません」というわけにはいかないこともある。その場合、家庭生活に生かすことができるような学校での取り組みが求められているということである。

　家庭での生活に生かすことができるような取り組みを学校が行っていくためには、保護者の協力を得なければならない。子どもにもっとも身近な存在である保護者との連携は欠くことができないのである。

　ここでTEACCHの例を紹介しよう。TEACCHでは保護者を共同の治療者としてとらえている。このことについて、あるお母さんが「私は親なので治療者にはなれません」と話されるのを聞いたことがある。保護者の気持ちとしては、もっともなことだろう。もし治療者ということばに抵抗を感じのであれば「共同の治療者」＝

「ASD のある子どもの共通の理解者」というように考えてもよい。そこには、専門家と保護者が協力して子育てしていくことが、子どもの成長をもっとも効果的にうながすことができるという発想がある。子どもを取り巻く環境を最も生活しやすいように整えていくために、家庭と専門家の協力が大切だということである。

　とはいえ、家族は子どものことを一番よく知っているが、専門的な指導ができるかというとそうではない。学校と同じように関わることができない家庭もあることを忘れてはならない。むしろ、同じようにできることの方が少ないと理解しておいた方がよいだろう。

 家庭での支援のアイデアをどのように考えるのか

「一緒に考えてみましょう」

　できるだけ、家庭と学校で同じ方向を向いて関わりたいものなのであるが、なかなかうまくいかない経験をした人もいるはずである。どのように家庭と協力して、アイデアを考えていけばよいだろうか。

　家庭と学校や療育機関が協力して子どものことについて考えるうえで大切なのは、その子どもの気質を共通理解することである。対象とする子どもについて共通理解できていないと、協力して支援を考えることは難しい。では、どのようなことを共通理解すればよいのだろうか。次に示すのは、私が病院で相談にのる際に共通理解していた項目である。参考になるだろうか。

　○好きなこと、○きらいなこと、○得意なこと、○苦手なこと、○強み（凸）、○弱み（凹）、○コミュニケーションの方法（表出性と受容性）、○感覚に関すること、の８項目である。そして、これ

らの点について共通理解したうえで、提案をする際に以下のように整理していた。

①子どもは何がわかっていないのか考えてみること

②周囲にいる人が何に困っているのか考えてみること

③解決するための支援方法を考えてみること

④実行してみること

そして、①〜④を繰り返すのである。

では、具体的に先の相談であがっていたH子さんの冷蔵庫のジュースの問題について当てはめてみよう。

①冷蔵庫を開けたときに、自分のジュースがどれかわからないから飲んでしまう

②お母さんは、お兄ちゃんのために買っておいたジュースも飲まれてしまって困っている

③自分のものと人のものを区別することができるように、飲んでいいジュースにだけ学校で使っているシールを貼ってみる

④実行する

洗剤の場合は、どうだろうか、

①洗剤をどれだけ入れるのかがわからないから全部入れてしまう

②お母さんは、一度に洗剤を全部に使われてしまって困っている

③学校では「なくなったら終わり」と指導しているので、なくなるまで入れても大丈夫なように小さなケースに一回分だけ小分けにして入れておく

④ 実行する

というようにそれぞれの問題について整理してみるのである。もしうまくいかなかったら、また、①にもどって考えればよい。何かがわからなくて不適切な行動になっているので「何が理解できていないのだろうか。理解できるようにするためにどのように構造化して伝えたらよいのだろうか」と考えてみるのである。

保護者のなかでも、特にお母さんは、自分の子育ての方法が間違っているのではないか、対応が間違っているのではないかと考えて、落ち込んでいることが多い。このような保護者に対して、学校と同じようにできないことを家庭の責任にしてはならない。

　専門家として、わかるように伝えるための工夫を考えて保護者に「一緒に考えてみましょう」と共有することが重要なのである。

 何ができて何ができていないのかを考えるときに

課題分析

　子どもが、何が理解できていて、何が理解できていないのかを考えるときに課題分析が役に立つ。

　課題分析とは、行動は小さな行動が集まっているものだと考えて、一つの行動を細かい行動（単位行動と呼ぶ）に分けて並べてみることである。

　たとえば、靴を履くという行動で考えてみる。

　①下駄箱から靴を取る

　②下に置く

　③右左を確認する

　④片足ずつ入れる

　⑤それぞれのかかとを引っ張る

というようになる。

　靴を履くという行動は課題分析によって①〜⑤のような細かい行動に分けることができるのである。

　そして、課題分析ができたら、そのなかのどの行動ができていな

いから靴を履くという行動が完結しないのかを考えるようにする。

　評価するときには、課題分析した行動の一つひとつについて、実際に子どもが靴を履くときの様子を観察する。一人でできる行動には○、少し手伝いする必要はあるが、できそうな行動には△をつけて評価する。

　ここで大切なのは、できない行動をできるようにするという発想ではなく、△で評価されたできそうな行動が○になるように必要な支援を工夫することである。

　靴を履くという場合で考えてみよう。課題分析した結果をもとに行動の評価をしてみたら、右と左を間違って履くことが時々あることがわかったので、その行動が△の評価になっている場合で考えてみる。右と左を間違うことがあるということで△と評価されているのであるから、靴の右左がわからなくて困っているのではないかというように考えるのである。この△をできるようにするために、必要な支援として、上靴の右左がわかるようにするための工夫はないかとアイデアを出してみる。この場合であれば、右、左がわかるように、シールを貼るなどが考えられるだろう。

　日常生活のいろいろな場面で課題分析は役立つ。朝起きてから学校に行くまでを課題分析して評価し、スムーズに学校に行くことができるように支援を考えることができた保護者もいる。

　「この子○○ができないね」と考える前に、どこができそうなのかを課題分析をして探ってみると、必要な支援のためのヒントが見つかるかもしれない。

⑤ できそうなことが やる気につながる

スモールステップで

　できそうにないことを目標にすると、だれでもやる気は出ない。それに向かって努力しても、結果を出すことができず、報われないと感じるからである。しかし、ちょっとやってみたら手が届く可能性があるものであれば努力する。これまでできなかったことが、ちょっとした工夫と努力でできるようになる可能性を感じるからである。

　できないことを目標に設定し、その目標を達成するという発想で指導をすると、指導する人も指導を受ける人も、お互いにストレスが大きくなる。それは、目標を達成するために指導しているのに、それに応えることができない相手に対しイライラすることと、できないことを繰り返し指導されて、しんどくなることに原因がある。また、目標を達成させることができないのは、自分の指導力のなさと考えて自信をなくす人もいるだろう。今すぐにできなくても、将来できるようになっていればよいのである。

　将来できるようになったらよいと考える行動は、細かい行動の集まりである。課題分析し、できそうなところから取り組み、少しずつでもよいから、成功する体験を積み重ねていく。これが、できなかった行動をできるようにするための大きな力になることを忘れてはならない。

　スモールステップで少しずつである。焦ることはない。

6 地域生活に広げられる

10年後の目標を立ててみる

　できないことではなく、できそうなことを考える。そのために、必要な支援について工夫する。「このような工夫をしたらどうだろう。そうすればうまくいくかもしれない」ということを家庭と一緒に考えること。今どのようなことができるようになればいいのかを具体的に考え、それを課題分析し、スモールステップで指導を積み重ねること。これが、最終的に地域での生活につなげていくことになるのである。何か目標があって、それを実現することができるようにアイデアを出すことは楽しいことである。

　このときに、10年後の生活がどうなっていたらよいかを考えてみてはどうだろうか。10年後、どのような姿に成長していればよいのかを考えて、長期の目標もそれに向かって立ててみる。10年後の姿を思い浮かべることができると、今、どこまでできていればよいのかがわかってくる。そうすると、目の前のことに焦って、無理な目標を立てなくてすむようになるだろう。

　ところが、10年後どのような生活ができるだろうかと想像しようとしても、イメージできない人も多いはずである。社会に適応するために必要な行動が身につけられていない子どもに、どのような生活が待っているのか想像できないからである。また、支援する側が経験したことがない生活だということが、想像することを困難にしている原因であろう。

　このようなときには、卒業生の実態を知り、自分の指導がどうだったのかを振り返ることが大切であろう。自分が教えた子どもた

ちが、今どのような生活をしているのか、訪問などをして、その実態を見てみるのである。そして、反省すべきは反省し、修正できる点は修正しながら支援を継続していくことが重要なのである。これから先の生活でも特別な支援を必要としている人の生活なのである。反省点を生かし、どのように必要な支援を受けながら 10 年後生活できればよいのか、保護者も支援する側も想像しながら長期の目標を設定し、そのために今どのような指導が必要なのかを考え、短期目標を考えていくことが大切なのである。

 支援はなくならなくてもいい

本人が必要である限り

　では 10 年後の生活や、そのための目標設定をイメージするうえで、どのように何を考えていけばよいのだろうか。考えの方向が定まれば、10 年後の生活がイメージできるかもしれない。

　学校等での指導の成果があらわれて、手順表などを見なくても行動することができるようになると、もう、このカードは必要なくなったと考えて、手順表がなくてもできるようにすることが大切であると考えがちである。そのため、手順表を持たなくてもできるようにするということを目標にして指導してしまうことがある。子どもが一人で、何の手がかりがなくてもできるようになったのだから、これまで使っていた手順表のカード等の手がかりは必要なくなったということである。それらを取り除いた状態でできる方がより成長した姿だと考えて指導することになる。

　このように、支援を徐々に少なくしていくことを脱構造化という

ように言っている人もいる。私自身も、そのようにした方がよいと考えたこともあった。しかし、よく考えてみると、これはサポートのための本人のものである。使っている本人が必要だと感じていれば、持っていてもよいはずである。周囲が必要ないと考えて、取りあげてしまうことはない。

カードが、ガイドブックのような働きをすることもあるだろう。ガイドブックを見ながら旅行をするのと同じ感覚なのである。そのガイドブックは使わないけれど、必要になる場合があるかもしれないからという理由で、旅行鞄に入れている人もいるだろう。それと同じである。

そうであれば、10年後の生活を考えるときにも「手順表を使ってもかまわないからできるようになれば」と考えればよいのである。支援なしで、一人でできるようにするなどと考えず、必要な支援を受けながら地域生活を送ることができればそれでよいということである。

だれでも助け合いながら生活している

自立ということばを考えるとき、何でも一人でできることを自立と考える人がいる。しかし、それは間違っている。だれでもお互いに助け合いながら、できないところは支援を受けながら生活しているからである。

「障害があるから、手がかりなく一人でできるようにならなければならない」と考えるのでなく、「手がかりがあっても一人でできることが増える方がよい」と考えるのである。このように自立を考えると、支援は多ければ多いほど自立につながるということになる。

なぜならば、様々な支援を受けることで、いろいろなことが可能になるからである。周囲からの支援を受けながらでも自己実現できればよい。支援が多いほどQOLも高くなる。自分の今の力ででき

ないことがあったとき、それは無理とあきらめるのではなく、周囲から助けてもらいながらでもできる方法を探ればよいのである。

8 わからないと問題行動に、わかると解決

伝えている側の問題

保護者と専門家が共通の理解者として子どものことを考えることができれば、家庭でも学校でも取り組むことができるアイデアはないかと探すようになる。このとき大切なのは「知的に遅れがあるからできないとか、ASD があるからできない」というように考えるのではなく、「本人が理解できないことがあり、そのためにどうしたらよいのかがわからなくなってしまい、適切な行動ができなくなっている」と考えてみるようにすることである。そのヒントは先述の課題分析のなかにある。できそうなことが見つかれば、できるようにするために、どうすればよいのかについて具体的な支援を考えることができるからである。

この支援で子どもたちはわかるのか、子どもにわかるように伝えられているのか考えることが大切なことである。

理解できないのは本人の問題ではなく、伝えている側の問題であることが多いからである。問題行動と言われる不適切な行動の背景には、本人の気質に合わせて伝えられていない、環境側に問題があることが多いのである

プライドに配慮する

　また、もう一つ考えておくべき大切なことがある。わかるように伝えたからそれでよいのかというと、それでは不十分だということである。支援を工夫する際に、相手のプライドに配慮することを忘れてはならない。特に生活年齢についての配慮は重要である。

　知的に重い人の場合でも、生活年齢に配慮した支援をすることはとても重要である。持ち物などを見直してほしい。高校生なのに幼児向けのキャラクターがついた鞄や文房具、ハンカチなどは持たせていないだろうか。かっこいい、おしゃれな支援を考えることが重要なのである。周囲から見てもかっこよい、おしゃれな支援ができているだろうか。

　保護者と専門家がいっしょになって、ちょっと違った視点から、子どもの様子を見るようにいつも心がけてみる。家庭生活や地域生活で生かすことができる、おしゃれでかっこいい、新しいアイデアが浮かんでくるはずである。

⑨ 常識にとらわれないことも重要

理解の仕方に合わせて伝える

　私の知っている ASD のある人が、いつもウエストポーチを付けているので、その中に何が入っているのかを見せてもらったことがある。いつも大事にしているウエストポーチの中身を見せてくれたのである。私は、とても驚いた。ナイフが入っていたからである。彼に聞いた。

坂　井　「なぜ、ナイフがあるの」

Ｉさん　「自分を守るため」

坂　井　「危ないですよ」

Ｉさん　「危なくなんかないよ」

坂　井　「けがしたらどうするの」

Ｉさん　「大丈夫よ」

坂　井　「なぜ」

Ｉさん　「だって、危なくないもの。昨日テレビで死んでた人が、今日は元気にテレビに出とったから」

　ここで考えなくてはならないのは、このように理解しているＩさんに対して、「ナイフが危険なものである」と伝えても、その危険性はイメージできないということである。イメージできないのだから、この伝え方では伝わらない。

　一般的には、ナイフを持ち歩くことは危険なので持たない方がよいとわかるだろうが、日本の社会で一般といわれている人の考え方とは少し違う理解をしているということである。文化が違うと考えた方がよいかもしれない。

　これまでに障害のある人に関わってきた経験のある人の中には、私と同じような体験をして、なぜ、このような理解をするのだろうと不思議に思ったことがある人も多いだろう。この場合、Ｉさんは、フィクションとノンフィクションを分けて考えることができなくなっているということである。

　そこで、このとき、私はＩさんへの伝え方を変えた。

坂　井　「でも、ナイフを持っていたら拘置所というところに行かないかんかもしれんよ」

Ｉさん　「拘置所って何？」

坂　井　「冷や飯を食うっていうところ」

Ｉさん　「冷や飯って何？」

坂　井　「冷たいごはんのこと」

Ｉさん　「そこには、電子レンジはありますか？」

坂　井　「ないんじゃないかなー」

Ｉさん　「ナイフ持っていたら冷たいごはん食べないかんのか？」

坂　井　「そうなるんじゃない」

Ｉさん　「じゃあ、もうナイフは持たない」

　Ｉさんは、偏食があり、冷たいご飯は食べないのである。だから、ナイフは持たないようにすると決めたのである。

　そこで、ナイフを預かり、紙に包んで「家に置いておきます。」と書いた。

　その日から、Ｉさんのウエストポーチにはナイフは入っていない。「危険だから持たない」というのとは理由は違うが、ナイフを持たないという結果は同じなのである。感じ方や、理解の仕方が違うのである。その人の理解の仕方に合わせて伝えることは、支援する側が意識しておかなければならないことなのである。

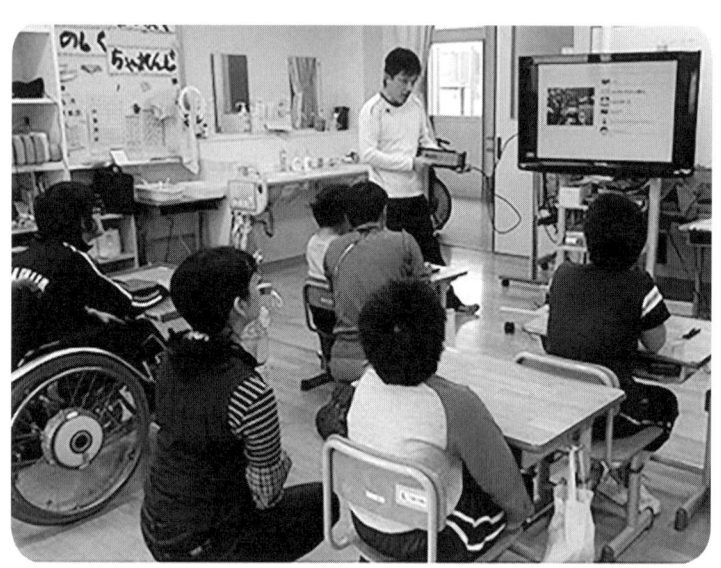
「きもち日記」を使っての授業

10章 支援機器の活用

# バランスよく使い分けること

眼鏡と同じようなもの

「ICT」や「IoT」ということばをよく聞くようになった。

「ICT」とは「Information and Communication Technology」の略称で「情報コミュニケーション技術」と訳される。情報・知識の共有に焦点を当てて「人と人」「人とモノ」の情報伝達といった「コミュニケーション」を強調している点が重要である。

また「IoT」は「Internet of Things」の略称で「モノのインターネット」と訳される。IoT は、PC やスマートフォンなどの従来型の通信機器を除いた、ありとあらゆる「モノ」がインターネットとつながる仕組みや技術のことを指している。

このように、社会で情報機器がこれだけ活用されるようになっているのに、障害のある人たちが、それらを使いこなすことができているかというと、そうではない現状がある。特に、知的障害のある人たちは活用できていない。もっと利用できるようにならないものだろうか。なぜなら、情報機器は、彼らが不得意とする情報の処理や記憶することを得意としているからである。だからこそ、情報機器の活用が必要なのである。

訓練によって、障害のある人が苦手としていることを飛躍的に改善したり、能力を伸ばしたりすることが果たして可能だろうか。飛躍的に改善したり、伸びたりすることはないだろう。訓練を否定しているのではない。訓練の効果も認めたうえで、訓練すればそれでよいのだと考えるのではなく、バランスよく支援技術も利用する方法を考えた方が現実的だといっているのである。それは、たとえる

と眼鏡と同じようなものである。視力については多くの人が、眼鏡で矯正して見えやすくしている。視力がよくなるようにと日々訓練に励んでいる人は少ない。眼鏡という支援技術を使って生活しやすくしているのである。これと同じように、ICT の活用を考えてみたらどうだろうか。支援技術を使いながら、それを用いた状態で訓練するという発想である。

障害があっても情報を得ることができるように、支援技術も使いながら、訓練も並行して行うという発想をもつことが、最もバランスのとれた方法である。目的に応じてバランスよく使い分けて、より効果的な方法を取り入れて生活を整えるのである。

大切な学校での指導

また、学校等では、支援機器の適切な使い方を指導しておく必要がある。特に、スマートフォンなどの携帯型情報端末の使い方を学校にいるときから学ぶ必要がある。ルールやマナーを知らないまま、卒業後、自由に使ってよいという環境に置かれると、トラブルになることは必至である。もちろん携帯型情報端末を使うのであれば、家庭でもルールを決めるべきだが、学校でも授業のなかで、その適切な使い方を指導すべきである。

障害のある人がパソコンや携帯電話等の情報機器を利用できるわけがないと考えられていた時代がかつてあった。操作方法を理解することができないと思われていたからである。しかし、操作するためのインターフェースの改善、アプリケーションや入出力装置の充実、メモリーの大容量化は、多くの人の機器の利用を容易にした。だれにでも使いやすくなっているのである。

重度の知的障害のある人が、保護者の持っている携帯型情報端末をうまく使って時間を過ごしている場面に出会うことがある。なぜ、この子が使えるのだろうと思ってしまうこともしばしばである。そ

れは、操作がわかりやすくなっているからである。また、魅力的な
アプリもそろっているということでもある。使えないのではない。
使わせていないのである。

　訓練では解決できないからこそ、機器の助けが必要なのである。
これは、何も特別なことではない。なぜならば、支援する側はいつ
もそれを活用しているからである。

 ## ② コンピュータをどのように 使いますか？

本質を考える

　読みやすい文章を書くためには、英語でいえばその正確なスペル
を、日本語でいえば漢字を思い出さなければならない。つまり、相
手にわかりやすい文章を書く作業は、記憶能力に大きく依存するの
である。それゆえ、漢字を覚えるのが苦手な人の場合、漢字まじり
の読みやすい文章を書くことはできにくい。このような場合には、
コンピュータのワープロソフトを使うことで解決できる。

　たとえば「太郎」という名前を漢字で打ちたい場合で考えてみる。
まず「た・ろ・う」と一文字ずつキーボードで入力する。そして変
換キーを押す。そうすると「たろう」に対応する漢字の候補がディ
スプレイ上に表示される。その候補のなかから正しい「太郎」とい
う漢字を選択すれば、太郎という漢字を手書きで書くことができな
くても漢字で名前を打つことが可能になる。

　自分で書くことはできないけれど、表面に表示されている文字の
なかから、正しく選ぶことができる人にとってはとても有効なシス
テムなのである。

書くときには自信がなかった漢字でも、パソコンやスマートフォンを使った場合、自信を持って正確に漢字に変換できたという経験があるだろう。それらを使っている人ならだれにでもある経験である。

　本質は何かを考えるのである。文章を書くという作業は、手書きで書くことが本質ではない。本質は自分の思いなどを相手にわかるように文字を組み合わせて書くことである。書字に困難がある場合、きれいな文字で文章を書くことはできにくい。しかし、本質が文章を書くということであるならば、ワープロソフトを使って書くことは、求められているものとは何もずれていないということである。

 コンピュータが変えるものとは

飛躍的に伸びた作文能力

　知的障害のあるJさんである。会話ができ、また、簡単な文章なら書くことができたが、筆圧が強く手書きの文字は形が整わないうえに、日常生活でよく使われるごく簡単な漢字も間違って使ってしまい、文章を書いても、その内容が相手に伝わらないことがよくあった。手書きで連絡帳も書いていたが、読めないこともあるため、その後、内容を確認する必要があった。このようなJさんだったが、パソコンを使うようになってからは彼の能力は飛躍的に伸びたと言える。

　一つには、ワープロの機能を使うことで、作文能力が引きあげられたことである。手書きの文章とパソコンを使った文章を比較したとき、文章のなかで使うことのできる漢字の数が増え、間違った漢

字を使っていた文章が正確な漢字を使った文章になったからである。読みやすい文章が書けるようになったのである。

二つ目には、手書きでの文章を書いていたときに比べ、見た目で能力を低く評価されることがなくなったことである。

手書きの文章とパソコンで打って出力した文章を比較すると、同じ人が書いた文章とは思えないからである。パソコンで打った文字の方がきれいである。パソコンが本人の能力を正当に表す道具として機能しているのである。

三つ目に、きれいな字で正確な文章を書けるうえに、書字に要する時間も短縮されたため、学習活動への参加の動機が高まったことである。Jさんからは、電子メールが毎日送られてくる。そのメールを見ていると、少しずつ内容も細かくなり、文章も上手になってきていることがわかる。

「感動ポルノ」で終わらせない

このように、パソコンを使うことによって能力が引き出され、それが正当に評価されることになるのである。生活のなかに支援機器が介在したとき、今まで何もできないと考えていた子どもたちの能力について、だれもが再評価することになるはずである。事実、重度の知的障害のある子どもが、携帯型情報端末を使いこなしている様子を見ることがあるだろう。

先日、知的障害特別支援学校での授業で、学校新聞を作る授業を見る機会があった。最初の授業では、取材したことを手書きの新聞にして作っていた。色画用紙の上に、取材してきた写真を貼ったり、文字を書いたりして作ったものである。生徒が一生懸命作っているのはわかるが、文字もきれいではないし、写真を貼ったのりの跡も波打っている。先生方は、生徒が一生懸命作ったものなので、できていることを褒めるが、お世辞にも読みたいと思うものにはなって

いない。独特な味のある字と理解できなくもないが、それは、知的障害のある生徒が書いたから、そう思ってしまうのかと感じてしまう。地域の小学校等に通っていれば、「もっときれいに書けるでしょ」と言われそうである。この新聞が通用するのは、特別支援学校の中だけではないか。これで満足していてよいのかとも思えた。

　そこで、授業の感想として、もう少し高校生らしい新聞にならないかと提案した。そこで、少し改善されたのが、図15の手書きの新聞である。壁新聞よりも少し読みやすくなっているとは思うが、それでも、読みたいと思う新聞にはなっていないと感じるのは私だけだろうか。

　これは、「感動ポルノ」ではないかと思うのである。「感動ポルノ」

図15　手書きで作られた新聞

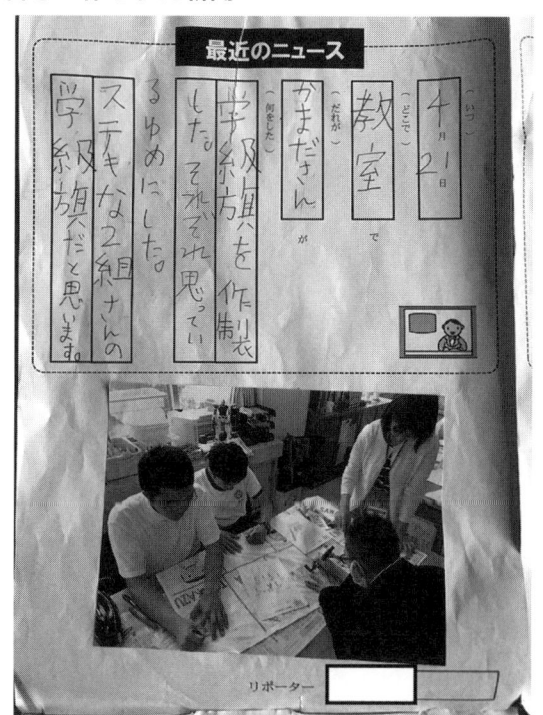

とは、自ら障害をもちコメディアンや女優として活躍した、オーストラリアの故ステラ・ヤングさんが表現した"inspiration porn"の訳語である。デレビなどに登場する障害者の姿が、同情や感動をそそる材料としてばかり取り上げられることに対することへの批判と皮肉がこめられている表現である。

　知的障害のある子どもが一生懸命に取材をして書いた新聞だから、それを作るために一生懸命に書いた文章だからよいという考えであるとするならば、「感動ポルノ」と言われても仕方がない。

　しかし、このまま「感動ポルノ」で満足し、終わっていてはならないのである。彼らも社会に出てその一員として力を発揮して生きていかなくてはならない人だからである。そのためには、本来持っている力を発揮できるようにしていかなければならない。

携帯型情報端末の持つ威力を発揮させた

　また、新聞を作るということは、取材の際に、必要なコミュニケーションの力を身につけることや、わかりやすく文章をまとめることなどの目標のほかに、身近にある新聞の記事に興味を持つということも重要な目標として設定される。ところが、日常生活で見る新聞と、授業で作られた新聞では、形態もまったく異なっているうえに、複製して配ることはできない。これで、日常よく見る新聞に興味が持てるかというとそうはならないだろう。

　そこで、このような問題をクリアするために、携帯型情報端末のアプリを使った新聞を作ってみたらどうだろうということになった。アプリの指示にしたがって写真や文字を入れていけば、日常生活でよく見る新聞と同じようなものが出来上がるのである。出来上がった新聞は、日常生活でよく見る新聞とほとんど変わらない、複製も簡単にできるので、配布していろいろな人に読んでもらうことも可能になる。

図16　アプリを使って作った新聞

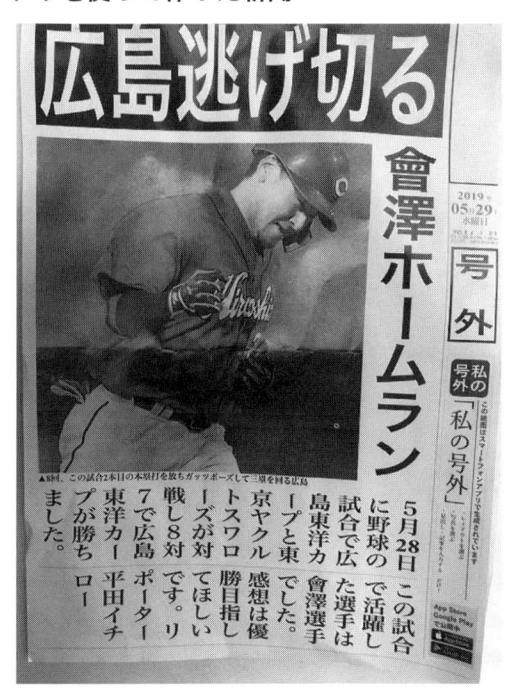

　そして、授業で作り上げた新聞は、とても読みやすい、面白い新聞になった。日頃見る新聞と変わらないのである。最初作った手書きの新聞とはまったく違うもので、生徒たちもとても満足している様子であった。この新聞を見たら、プロ野球も見たくなるだろう。

　そして、これを見て、だれが知的障害のある生徒が作った新聞だと思うだろうか。本来の力が発揮されたら障害の有無など関係なく、同じ土俵に上がれるのである。

　当然、周囲の人たちの、生徒が作る新聞に対する評価も大きく変わった。この新聞より、手書きの新聞の方がよいから手書きで書き直した方がよいなどという人はいないだろう。

　その後、生徒たちは、日頃目にする新聞にも興味を持ち読むようになっている。また、取材にも意欲的になっていて、新しい新聞も

次々と作っているのである。これも、携帯型情報端末を使って、本来持っている力が発揮された学習の成果である。

ICT の強みを生かしてこんなことも

　障害のある子どもの中には、自分の気持ちなどを表現することが苦手な子どもがいる。気持ちが表現できないと、どのようになるだろう。想像してもらいたい。楽しいこともつらいことも表現できないのである。特にネガティブな表現をすることができないと、行動に出てしまうだろう。その行動は問題行動と見なされ、抑え込まれることになる。ますますストレスがたまることになる。

　ここで、ICT が活用できるのである。2018 年に富士通（株）と共同で「きもち日記」を作った。文字を書くことができなかったり、

図 17　手書きの日記

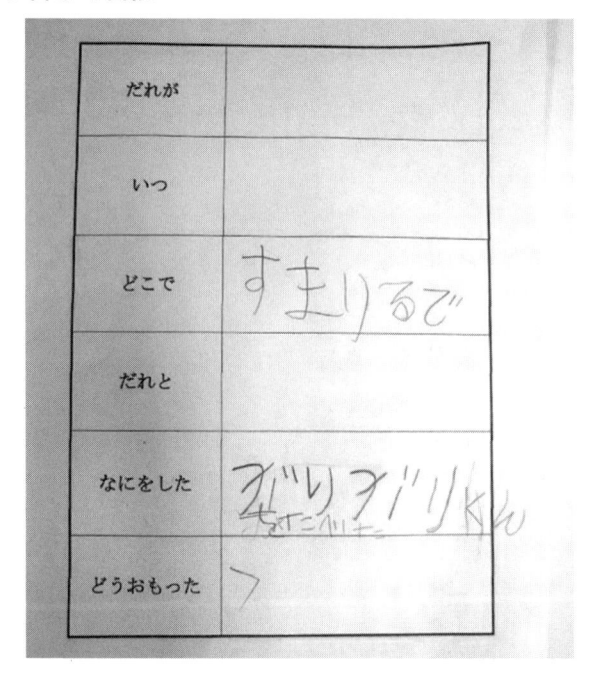

気持ちを表現することができなかったりした場合でも、キーボードと気持ちを視覚化して表現できるようにしていることで、日記を書くことができるというものである。

図17は、手書きで書かれた日記である。書けていないところも多く、書けていてもその文字は読みにくい。一方、図18は「きもち日記」を使って日記を書いたものである。図17と同じ内容の日記であるが、細かいところまで表現できていることがわかる。

ICTは視覚化することを得意としているのである。「きもち日記」はこの特徴を生かしたもので、感情表現や書字が苦手な子どもたちの表現の幅を広げたり、表現することの楽しさを学ばせたりするうえで、有効なツールになる可能性があるのである。

それは、ICTの特徴を生かした機能が関係している。

1点目は写真や絵で選択肢を示すことで何を書いているのかがイメージしやすくなるという点である。記憶の保持などに課題があっても、日記にする出来事となる写真等が画面に表示されているため、書いていることをイメージしやすい。

2点目は、わかりやすいレイアウトで書くべきことを誘導してくれるので、次に書くべきことがわかりやすい点である。次に何を書

図18 「きもち日記」を使った日記

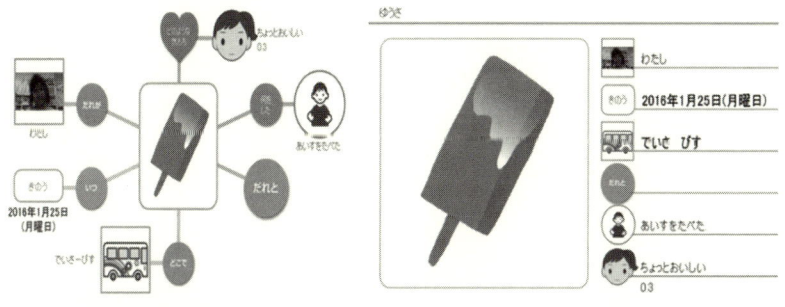

「きもち日記」の紹介 HP
https://www.fujitsu.com/jp/solutions/industry/education/school/support/
kimochinikki/index.html

けばよいのかがわかりやすいのである。

　3点目は失敗した字を簡単に消すことができるという点である。紙と鉛筆の場合、文字を消す作業に困難を示す児童は多い。力の加減ができないために、紙が破れてしまうことがある。しかし、「きもち日記」ではきれいに簡単に文字を消すことができるので、失敗しても安心である。

　4点目は書かれた文字はきれいな字で表示されるので読みやすいということである。キーボードを使って書けるので、文字が書けなくても書くことができる。また、フォントを変えることで、より読みやすく設定することができる点である。いずれもICTの特徴を生かして、日記を表現できるようにしているのである。

　指導した担当教員は、鉛筆を使って紙に書くという方法では引き出すことができなかったことばを引き出すことができたこと、子どもが得意そうに発表できたこと等は、本アプリ導入の効果であると感想を述べていた。

　このような結果が得られたのは、ICTを活用することができたからである。ICTは子どもの本当の力を引き出すための効果的な方法なのである。

 こんな体験からも考えることができる

疑似体験をしてみる

　発達性の協調運動障害のある児童の書字のことで、少し疑似体験をしてみよう。発達性の協調運動障害とは、協調的な運動がうまくできない障害である。全身運動（粗大運動）や手先の操作（微細運

動）がとても不器用であることも多く、学習や日常生活に影響を及ぼしている障害である。この発達性の協調運動障害のある児童はクラスに2人くらいはいるだろうと言われている。この児童のことを理解するには、書字の疑似体験をしてみるのがよい。子どもの気持ちが少しわかるようになるからである。

　この疑似体験は、二人一組でするのがよい。二人で組になったら、Aさんと、Bさんを決める。どちらかがAさんで、どちらかがBさんである。まず、Aさんからやってみよう。

　筆記用具を用意してもらいたい。ノートと鉛筆である。Aさんの前にノートを置く、Bさんはそのノートを手で押さえよう。

　書くのは名前である。楷書でかいてもらう。就職先に出す履歴書が手書きという条件が付けられているため、きれいな字を書くための練習である。特に「とめ」「はね」「はらい」には注意して書いてもらいたい。手書きの字にはその人の人間性が表れるので、特に注意が必要である。字の大きさは、400字詰め原稿用紙に入るくらいの大きさとしておこう。

　Aさんには、発達性の協調運動障害があることになっているので、その状態を疑似体験してもらう。まず、床から足を上げてもらいたい。床に足を付けてはいけない。次に、両手も机から離してもらう。つけてよいのは鉛筆の先だけである。この状態で、楷書で名前を書いてもらう。Bさんは、もしAさんが「とめ」「はね」「はらい」がきちんとできずに、いい加減な文字を書いていると判断できた場合には、容赦なく「この字では、就職はできませんよ。書き直しです」と言ってもらってかまわない。

　では、どうぞ。

　きれいな楷書で名前が書ける人はほとんどいないはずである。「とめ」「はね」「はらい」どころか、形も整わないであろう。このような状態で字を書いている子どもが、一定の割合でいるということな

のである。

　字を書く練習など、やる気になるわけがない。それも、夏休みの宿題は、原稿用紙２枚分の感想文だったりするのである。書きたくなるはずがない。間違った場合は、その文字だけを消さなければならない。協調運動がうまくできないのである。消そうとしたら、隣に書いた文字まで消えてしまうだろう。余計に宿題はしなくなる。

　このような子どもに、どうやって、字をきれいに書けというのであろうか。体験していない人だから言えることだろう。もっと、本質を考えるべきである。

文字を書くことの本質を考える

　また、手書きの文字がその人の人柄を表すという人がいるが、発達性の協調運動障害のある人が書いた文字から、本当にその人の人柄を見てとることができるのだろうか。

　先日、面白い話を聞いた。就職の際に手書きの履歴書の提出を求められた、書字に困難がある人の体験である。採用窓口の受付の人に書字が困難であることを伝えても、手書きで履歴書を書いてもらうことが条件になっているから何とか書いてもらいたい、と言われたのである。その理由を聞くと、文字を見ることでその人のことがわかるからだという。しかし、そのように求められても書けないのである。そのことを伝えたら、窓口の人はびっくりするような行動に出たのである。なんと、では、私が書きましょうと言って代わりに書こうとしたのである。代筆である。一体全体、だれの人柄を見るということなのだろうか。その後、それはおかしいのではないかと伝えて、パソコンで履歴書を書くことが認められたということである。

　先に示したように、文字を書くことが困難な状態にある子どもも、パソコンを使ったら、きれいな文字で感想文を書いてくることがで

きる。感想文を書くことの本質は、きれいな文字で書くことではない。その本を読んだ感想を自分なりの表現で書くことである。本質を考えたら、パソコンを使って感想文を書くという選択肢があってもよいはずである。パソコンの利用で、学校での生活が変わる子どももいるに違いない。

⑤ 生活の範囲が広がる可能性も

アプリで不安を解消

　障害のある人たちの社会参加の場を広げるために支援機器を使うことはできないだろうか。

　スマートフォンのアルバムの機能を使って手順表を作り、バスに乗れるようになったり、電車に乗れるようになったりした児童や生徒がいる。手帳のように紙を使ったアナログの手順表もよいが、デジタルを使った手順表のほうがかっこよくないだろうか。

　アナログとデジタルの手順表があったとき、どちらを選ぶだろうか。多くの人はデジタルを選ぶだろう。そっちの方がかっこいいからである。

　写真（図19）は、作業の手順を携帯情報端末に入れて、確認しながら作業している様子である。このような方法が使えるようになれば、作業のときにも困らなくなるだろう。

　携帯型情報端末に手順表を入れたら、その手順表を自分で使いこなすことができるように練習し、それを持って出かける習慣がつけば、当然、生活の範囲も広がる。子どもの生活がどのように、広がればよいのかを考え、身につければよいと思われる活動を課題分析

図 19　ICT で作る手順の確認

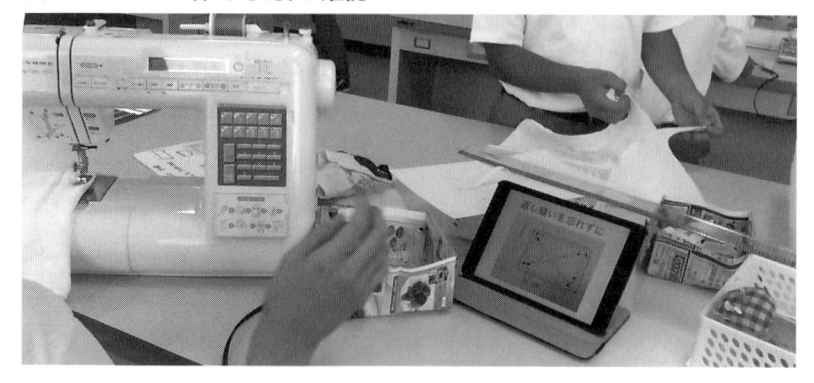

し、手順表にすればよいのである。

　また、困ったことがあったときに、メールや電話の機能を使って助けを求めることができるようにしておくことも大切である。電話であれば、登録した電話番号に連絡する練習もしておく必要があるだろう。ショートメールなども使えるように練習しておくことも必要である。

　行き先などが不安なときは、事前に地図アプリを使って、目的地までの道順も確認することが不安の解消につながるだろう。学校までの道のりにこだわりのある子どもが、道路工事のために、通学の道順が変わる際に、地図アプリで変更になった道順を見せて確認することで、パニックにならずに通学できたという事例もある。

　その人が不安に思っていることを確認して解消するためのツールとして、携帯型情報端末を使うことができれば、生活の範囲も大きく広がるのである。

　生活する範囲の広がりを考えると、あれもできるかも、これもできるかもと考え、わくわくしてくるのは、だれでも同じだろう。

スマートフォンのカメラで

記憶することの手助けに

　いろいろな出来事を覚えておくことができない人がいる。視覚的なイメージとして残らない人や、残っていても思い出してことばで表現できない人もいる。このような場合に記憶をサポートする道具として、スマートフォンのカメラが活用できる。

　その日の出来事をスマートフォンのカメラで撮っておき、本人がその日の活動を思い出し、共通の話題としてコミュニケーションできるようにするのである。

　たとえば、学校と家庭の間の連絡帳をデジタルにして、スマートフォンのカメラで撮っておいた写真にコメントをつけて、電子メールで送るというような方法がある。ホームページにアップするという方法もある。

　共通の話題があれば、家庭での食卓のコミュニケーションも弾むに違いない。もちろんその逆も考えられる。家庭での様子をスマートフォンのカメラで撮って、学校に送ってもらうようにするのである。それを話題にすれば、学校で友だちや先生と話ができるだろう。「そうそう、昨日こんなことしたんだった」と思い出して、得意になって話し始める子どももいるかもしれない。

　また、施設などで行われる作業の手順などもカメラで撮っておけば、覚えることをサポートすることになる。複雑な作業を覚えることが難しい場合、作業上の注意事項や作業場所、材料、手順、作業時の服装や作業の道具等の情報についてファイルにしておけば、スマートフォンで、作業内容等を確認しながら作業できるようになる

人もいるはずである。複雑な手順については動画で撮っておくという方法もある。複雑な動きがある場合は動画の方がわかりやすいからである。

　さらに、行き先や余暇で行う活動内容なども、スマートフォンのカメラで撮ってファイルにしておけば、行きたいところや自分がしたいことなどを思い出して、周囲の人に伝えることができる。何もヒントがないところで「何がしたいですか?」と問われても、記憶することが苦手な人にとって答えることは困難である。しかし、選択肢が用意されていれば、選んで伝えることができる人もいるはずである。

11章

必要な支援を受けるために

① サポートブックを書いてみる

想像力を発揮して「トリセツ」を書く

ICF（14頁参照）で明らかにされた活動の制約や参加の制限を取り除いていくためには、障害のある人を理解することが必要である。理解することによって、必要としている支援が明確になるからである。

障害のある人たちが、初めての支援者と接するとき、その支援者から、必要な支援を得ることができているだろうか。口頭だけで伝えられた情報だけでは、十分な支援を得ることはできない。このようなときに役立つのがサポートブックである。

サポートブックは、ASDのある子どもをもつ保護者が、子どもを理解してもらうための有効な方法の一つとして作ったものである。サポートブックには、支援の対象となる人の情報が記されていて、これを読むと、初めて接する人でも、最低限の情報を得てから関わることができる。このようなサポートブックを作って、その日担当となる人に渡しておけば、デイサービスを利用するときや支援者と外出などする際に、心にゆとりを持って、安心して子どもを送り出すことができるのではないだろうか。

サポートブックは、子ども一人ひとりに役立つものであると同時に、支援者にも安心を与え、保護者にもゆとりを生み出す優れものなのである。

作成の際に重要なことは、その人のことばで書くことである。親や支援者側のことばで書くのではない。その人が言いたいこと、伝えたいことを、その人のことばで書くようにする。そうすれば、読

図20　にじいろ手帳（内山登紀夫先生推薦）

内容が
見られます

　みたくなる、その人のことを知りたくなるサポートブックになるに違いない。

　そのためには、まず書く側がその人のことをよく知る必要があるだろう。想像力を最大限に発揮して、その人のことを書き表すのである。このとき大切なのは、その人がそのサポートファイルを将来読んだとき、このように理解してもらえていたのだと納得することができるようにと思って書き表すことである。

　もちろん、自分で書く力がある人は、自分のことを自分のことばで書けばよいだろう。自分で納得するサポートブックになるだろう。「自分のトリセツ」ということでもよいだろう。名刺代わりにといった感じでもよいだろう。図20は「にじいろ手帳」という市販されているサポートブックである。これも活用できるだろう。

② どんな内容が必要？

支援者も楽しく関わるために

　サポートブックに入れておけばよい内容は、次に示したようなことである。

①名前や住所など

　ここに入るのは、本人の名前や呼び方住所などの最も基本的な情報である。緊急時の連絡先やかかりつけの病院などの情報も入れておく。身長や靴の大きさ服のサイズなども書いておけば役立つことが結構ある。誕生日も必要である。

② コミュニケーションをとるための工夫

　ここでは、コミュニケーションのとり方について記載しておく。特に音声でコミュニケーションをとることが困難な人の場合、コミュニケーションをとるために様々な工夫が必要である。しかし、初めて接する人は、最初から工夫できるかというと、そうとは限らない。その人がどのように伝えてくるのか、理解できるように、わかるように伝えるためにはどのような工夫をすればよいのかを具体的に書いておく。

　また、見通しを持つことができるようにするための工夫や、文字やシンボルなどの理解についても書いておくと、初めて接する人にとっては、とても重要な情報になる。お互いが安心して関わることができるからである。

○好きなこときらいなこと

　ここでは、好きな食べ物、きらいな食べ物、好きなこと、きらいなことなどを書いておく。きらいなことの中には、きらいな音など

の情報も必要である（赤ちゃんの泣き声がきらい等）。遊びに行ったり食事をしたりする際に、このような情報を持っていれば、嫌な場所を避けることが可能になる。支援者は担当する子どもの参加しやすい環境を整えることができる。

○パニック時の対応と予防

　この項目では、パニックが起こらないようにするための環境について書いておく。どのようなときにパニックが起こりやすくなるのかについて書いておくのである。パニックの前兆もわかるのであれば書いておけば、もしものときにも対応できる。

　次に、やむを得ずパニックが起こってしまったときの対応について書いておく。パニックが起こる原因やその前兆がわかったとしてもパニックになってしまうことはある。そのときのために、パニック時の本人への対応方法や周囲への配慮について書いておくのである。

　これがわかっていれば、その場での対応にも安心できるだろう。

　パニックなどの周囲に受け入れられないような行動は、理解しやすい環境を整えて、わかりやすく伝えることができれば回避できる。パニックを起こさないような環境を整えるために必要な情報があれば、そこに配慮して関わることができるはずである。

○健康上留意すること

　この項目ではアトピーやアレルギーのこと、服薬のことなど健康上配慮しなければならないことを書いておく。

○その他に留意してもらいたいこと

　上記のような内容のほかに特に留意してもらいたいことを書いておく。

　これらの情報をわかりやすく具体的にまとめて一つのファイルにしておく。本人が使うスマートフォンに入れておくということも考えられるだろう。このファイルの情報をその日活動を共にする人に

知ってもらうのである。関わる人も環境の一部なのである。支援者も含めた、参加しやすい環境を整えることが重要である。そのための、サポートブックなのである。

これらの情報を持っておくことができれば、その日接する人もより楽しく関わることができる。また、どのような人のサポートをするのか、支援する人に、必要な情報を事前にメールで送っておくという方法も考えられる。事前にわかっていれば、準備もできるだろう。よりスムーズな支援を得ることができるはずである。

サポートブックの内容は一度書いたらそれっきりというものではない。必要に応じて書き加えたり修正したりするものである。

最低限上記のようなことについて書かれていれば、初めての人でも接しやすくなる。個人情報が漏れる恐れがあるので、管理は慎重に行わなければならないが、知っているか知らないかで、関わり方が大きく変わる。環境を整えるために一つの工夫として検討する価値がある。

③ 最低限必要な情報では？

自分のことばで説明できない人のために

以前サポートブックの話をしたときに、ある方から次のような質問を受けた。「子どもへの対応は、支援者が子どもと接するなかでわかっていくものだと思うし、こんなにたくさんの情報をいっぺんに読むことはできないと思うのですが」という内容だった。

たしかに、子どもと接していくなかで、わかってくることはたくさんある。だからといって、手探りでスタートすることを繰り返し

ていてはならない。支援を必要としている人なのである。どのような支援が必要なのか知ったうえで関わらなければならない。

支援する側が、自分勝手な判断で「これが好きに違いない」「これは我慢できるに違いない」などと考えて支援してはならないのである。

自分のことばで説明できる人には必要ないものかもしれないが、自分のことが説明できない人なのである。

サポートブックに書かれていることを知ったうえで関わるべきである。「このような私です。このような配慮が必要です。よろしくお願いします。」という内容が書かれているからである。

接するための情報はだれもが必要としている。初めて接するときは特にそうである。転校したり、担任が変わったりして、これまで受けていた支援が受けられなくなり、それが原因で、不適応を起こしているという事例に出会うことがある。サポートブックに書かれた最低限の情報を、最初から共有できていれば、不適応を起こすことはなかったかもしれない。とても悲しい話である。

サポートブックには、技術を生かすための情報がある

もしかして、優しさと愛情とやる気だけで支援をしようとしていることはないだろうか。優しさと愛情、やる気はとても大切だが、それと同じくらい接するための技術も必要である。優しさと愛情とやる気は感じても、技術がないために見通しが持てない対応ばかりされたらどうだろうか。「発達障害のある人にとってつらいのは、"無理解なのに熱心な人"」という佐々木正美先生の有名な指摘もある。愛情はあまり感じないが、ストレスのない対応をしてもらえるからまだましだと思う人も多いはずである。

相手のことがある程度理解できて初めて必要な支援が可能になる。サポートブックには、相手を理解するための情報と具体的な技

術が記されている。必要な支援を受けるためにも、求められている支援をするためにも活用できるものである。一度作ってみてはどうだろうか。サポートブックの威力を目の当たりにするはずである。あなただって、初めての人と関わるときには自己紹介をするはずである。サポートブックも同じような働きをするものである。

12章

同じ景色が
見られるように

① 特別扱いすることです

「合理的配慮」とは

　必要な支援を考えるうえで、合理的配慮という新しい考え方について知っておく必要がある。合理的配慮は国連の障害者の権利に関する条約に示されているものである。

　障害者の権利に関する条約の「第二十四条　教育」において、教育についての障害のある人の権利を認めている。この権利を差別なしに、かつ、機会の均等を基礎として実現するために、障害のある人たちを包容する制度（inclusive education system）等を確保することとし、その権利の実現に当たり確保するものの一つとして「個

図21　EQUALITY（平等）　一番小さな子どもは見られない

人に必要とされる合理的配慮が提供されること」を位置づけている。

　そして、同条約の「第二条　定義」においては「合理的配慮」は「障害のある人が他の人と平等にすべての人権及び基本的自由を享有し、又は行使することを確保するための必要かつ適当な変更及び調整であって、特定の場合において必要とされるものであり、かつ、均衡を失した又は過度の負担を課さないものをいう」と定義されている。

　簡単に言うと、障害のある人が、同じ土俵のうえで、同じ景色を見ることができるようにするための便宜を図ること、これを合理的配慮というのである。ここで重要なことは、定義のなかで、特定の場合において必要とされるものと書かれている点である。

　これは、必要に応じて特別扱いしてもよいと述べているのである。同じ土俵にあげるための便宜を図るために個別に特別扱いをしてもよいということなのである。

図22　EQUITY（公正）　みんなで同じ景色が見られる

また「合理的配慮の否定は、障害を理由とする差別にあたる」とも示している。これまでは、特別扱いすることが差別であると考えられていた。しかし、新しい概念では、合理的配慮を否定することが差別とされている。つまり、必要な特別扱いをしないと差別になるということである。

　「みんな一緒なので、あの子だけを特別扱いすることは、よくないことではないか」という意見を聞いたことがある。しかし、合理的配慮の考え方は、そうではない。特別扱いすることで「みんなで同じ景色を見よう」という考え方なのである。

　web上でよく知られているイラストで説明してみよう。これまでの指導では、図21のように、どの子どもにも同じような条件を与えることが平等だと考えられていた。たとえば、壁の向こうで野球の試合が行われているときに背の高さの違う3人の子どもにも同じ台が与えられていた。それは、みんな同じ条件で壁の向こうが見えるようになりましょうという発想だった。見えない人は、見えるようになるまで努力しなさいということだろう。

　これだと一番小さな子どもは壁の向こうの試合を見ることはできないのである。この状態を「みんな違ってみんないい」と言っている場合ではない。なぜならば一番小さな子どもにも同じ景色を見せたいとだれもが思うからに他ならない。野球の試合を見せたいのである。つまり、それぞれの能力を引き出すための手段が違うので「みんな違って大変」なのである。

　合理的配慮を行って図22のようにしなければならない。これでみんな同じ景色を見ることができるようになるのである。一番小さな子どもが見えるようになるには、特別扱いする必要があるということである。

　合理的配慮は、障害者の差別の解消に関する法律（障害者差別解消法）では、公的機関では義務になっている。事業所などは努力義

務である。学校などは公的機関なので、合理的配慮は義務になっていることを忘れてはならない。

　合理的配慮の具体的な事例については、特別支援教育総合研究所のホームページに紹介されている。参考にしてみるとよいだろう。http://inclusive.nise.go.jp/?page_id=110

2 感覚過敏に対する配慮も

一人ひとりによりそい「つらさ」を知って対応する

　合理的配慮として見逃されやすいものとして、感覚過敏への対応がある。

　先日、ある学校での授業を参観していたときの話である。授業中に先生が突然大きな音を出すのである。私もとてもびっくりした。授業後「なぜ、あのとき大きな音を出したのですか」と聞いてみた。すると先生が「授業を受けている子どものなかに、大きな音が苦手で、パニックを起こしてしまう子どもがいるのです。学校外での生活で、突然大きな音が鳴ることはよくあることで、そのときに困ることがないように学校では大きな音に慣れるようにしているのです」というのである。

　指導する先生は、将来社会に出ると、大きな音が突然鳴ることはあるので、何とかしておかなければ本人が困るだろう、という理由で指導しているのだろう。授業参観のあと、その指導は間違っていることを指摘したが、これまでそのような指導が続いていたのであれば、意識改革には相当な時間が必要だと思われる。

　しかし、この事例は、ASD のある人の感覚過敏について理解の

ない教育が、ASD のある人たちがたくさん通学している特別支援学校でもまだ行われている事実があることを示している。大きな音でパニックになるような生徒がいた場合は、耳栓などを用意し、大きな音が入ってこないようにして回避する方法を教えていくことが大切であることは言うまでもない。

　突然大きな音を聞かせて慣れさせるなどという発想は間違っている。人権という面から考えても問題ありである。

　もう一件、指導する側が、考えなおさなければならない音への感覚過敏の事例である。運動会のときのピストルの音が怖いので、学校に来にくくなっている小学生への指導に関する相談では「感覚過敏に配慮して耳栓を使ったり、音を遮断する耳当てを使ったりした

図 23　VR 体験をしている人

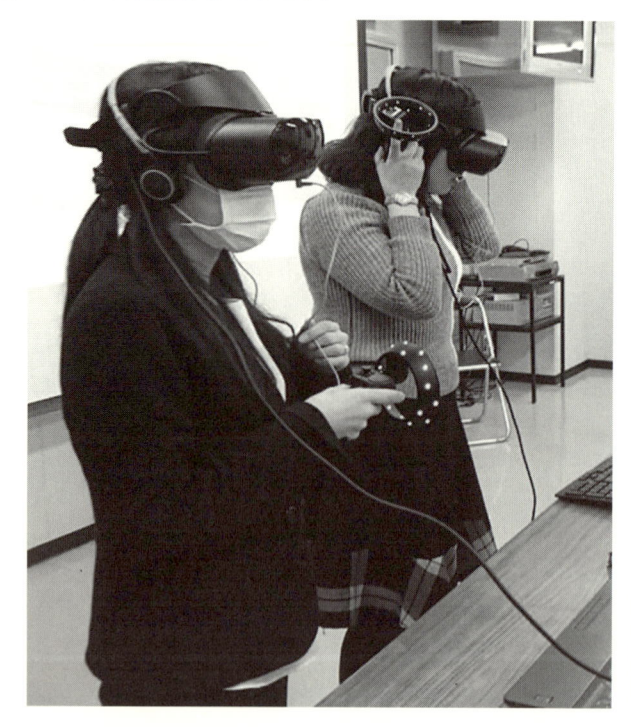

動画サイト

のですが、いずれの方法もうまくいかなかったので、最後は音に慣れてもらうしかないと考えて、教室にピストルを置くようにしました。そうしたら、ますます学校に来ることができなくなってしまいました。どうしたらピストルの音に慣れますか」というものだった。

学校が徒競走でピストルを使う理由は「それが一般的だから」「これまでの伝統で運動会はピストルだ」というものであろう。いずれの理由も、感覚過敏があるため、ピストルの音が大きすぎるのがいやで学校に来にくくなっているという子どもを説得する理由にはならない。ピストルにこだわっているのは学校なのである。

一人ひとりに寄り添うはずの学校が、子どものことを理解せず、感覚への配慮などが行われていない現状があることを認識しなければならない。

私は、最近、VR を使った ASD のある人の感覚過敏の体験をするプログラムを研修会で実施することがある。イギリスの自閉症協会が作っている動画を使って、視覚過敏と聴覚過敏を体験することができるようにしている。ショッピングモールに母親と来ている ASD のある子どもが、どのように周囲の状況を感じているのかを VR で体験できるようにしているのである。

この体験をすると、感覚過敏がいかにつらいのかがわかる。我慢などできないし、慣れることなど絶対にできないとわかる。一度体験してみると、その子どもの感覚を少しだが理解することができるだろう。優しく接することができるようになるに違いない。

※ VR とは、バーチャル・リアリティ（英：virtual reality）と言われるもので、ユーザーの五感を含む感覚刺激を理工学的に作り出し、本物ではないが機能としての本質は同じであるような環境を作り出すこと。日本語では「仮想現実」と訳される。

③ こんな工夫もある

同じ土俵にあがるという発想

　同じ土俵にあがるための便宜を図ることが、対象となる人を「特別扱い」し、それが合理的配慮であると述べた。しかし、これだけが同じ土俵に上がる唯一の方法ではない。

　ビール会社のコマーシャルで、車いすバスケットボールをしている人たちが出ているものがあった。3人対3人の6人で、とても激しくプレイしている。ぶつかってこけても、自力で車いすを戻し、また、プレイに戻る。激しいぶつかり合いを見て、だれでも感心するだろう。

　ゴールが決まったところで、ゲームが終了である。すると、6人

図24　車いすバスケが終わったら

動画サイト

のうち5人が車いすから降りて立ち上がるのである。

　私は、びっくりした。6人のなかで、普段、車いすを使っている人は1人だけだったのである。あとの5人は、普段は車いすを使って生活している人たちではなかったのだ。その後、6人で飲みに行っているシーンで終わるというものだった。相手に合わせるというのも、同じ土俵の上にあがるための方法である。

　これまでは、車いすの人がいたら、その人が参加するために、スターターやタイムキーパー、実況放送の係、得点係などの役割が与えられ、別の方法で参加する場が与えられているのが一般的であった。しかし、みんなが同じように車いすに乗れば、みんなで車いすバスケットボールができるのである。特別な参加の仕方ではなく、同じように参加できる環境を整えるという視点も忘れてはならない。

 ## ④ このような発想をするためには

リフレーミング

　このような発想をするためには、物事を柔軟に考えるようにすることが大切になる。柔軟に物事を考えるための方法としてリフレーミングがある。

　ものは考えようだとか、発想を変えることは大切だということはわかっていても、なかなかそれができない人も多い。このときに、自分の考え方の枠組みをちょっと変えてみるのである。それができれば、これまでネガティブに考えていたことがポジティブなものに変わる。

ことばの定義や意味を変えて「○○ということは△△である」というように考えるのである。

　たとえば、

　自己主張の強い人→一途な人

　集中力がない人→いろいろなことに注意が向けられる人

　自分勝手な人→自分を持っている人

　暗い人→穏やかな人

　ちょっとしたことでだが、効果は大きい。これができるだけでずいぶん心が軽くなる。これまでと視点を変えて見てみるということをしてみたらどうだろうか。「なーんだ、こういうことだったのか」と、気持ちが楽になる体験ができるはずである。

13章

おわりに

視点は始点

「視点は始点」ということばがある。私はこのことばが大好きである。それは、このことばには、いろいろな場面での様々な課題を解決するヒントが隠されているからである。

柔軟に物事を考えるためには、視点を変えてそのことについて考える必要がある。家から見る山の形が別の方向から見るとまったく違う形に見えたとか、登ってきた山道を振り返ってまったく違う風景に出会ったとかいう経験はだれにでもある。いつも丸く見えているものが横から見たら台形だったり、四角に見えているものが上から見たら三角だったりすることもある。

ある人の講演会に参加したときである。その人が「ハードルは高ければ高いほどよいですよ」と言っていた。私は、乗り越えるものが高ければ高いほどよいというのは、できる人の発想ではないかと思い、それは無理だろうと感じながら聞いていた。その後、講師はその理由をこう述べたのである。

「ハードルは高ければ高いほどよいというのは、乗り越えないといけないと考える人にはきついと思いますが、視点を変えて、下をくぐるのであれば楽になると考えたらよいからです」

行き着く先は同じである。必ずしもハードルを乗り越える必要はない。ハードルの向こう側に行けばよいのである。回り道でもよい、下をくぐってもよいのである。視点を変えることの大切さを学んだ瞬間であった。

では、私たちはどのような視点でやりとりしていけばよいのだろうか。どのような視点で支援していけばよいのだろうか。相手がいるのである。私たちの勝手な思い込みで誤解が生じることがないようにしたいものである。最初の一歩は、視点を変えて「その人が、何が言いたいのか」「何が理解できないから、うまくいかないのだろうか」と考えるところから出発することである。何か言いたいこ

とがあるはずなのである。何かが理解できていないためにできないことがあるのである。できないことがあるから支援が必要なのである。言いたいことを聞き、わかるように伝えるためにどうするのか考える視点がいる。このような視点に立つことができれば、環境を整えるための工夫を考えるようになる。その結果は明らかである。混乱して生活する人たちが減るのである。笑顔で挨拶を交わす機会が増え、幸せに暮らすことができる人が増えるはずである。

　「生まれてきてよかった」と言うことができるような社会にしたいものである。「違いを受け入れ認める社会」「いろいろな人に配慮できる社会」「あなたはあなたで大丈夫です」と言える、そんな社会を実現したいのである。

参考文献 ···

- ●石田宏代他 『チームアプローチによる発達障害児の早期療育』 発達障害研究 18 巻 3 号（1986）
- ●オリバー・サックス 吉田利子訳 「火星の人類学者」 早川書房 （1997）
- ●門眞一郎 「自閉症スペクトラムにみられる『視覚優位』」（星和書店：精神科治療学，25(12)：1619-1629, 2010）
- ●厚生労働省 『国際生活機能分類 - 国際障害分類改訂版 -』 http://www.mhlw.go.jp/houdou/2002/08/h0805-1.html
- ●小林春美 「子どもたちの言語獲得」 大修館書店（1997）
- ●小道モコ 「あたし研究」 クリエイツかもがわ（2009）
- ●坂井 聡 「コミュニケーションのための 10 のアイデア」 エンパワメント研究所（2002）
- ●佐々木正美 「自閉症療育ハンドブック -TEACCH プログラムに学ぶ -」 学習研究社（1993）
- ●「自閉症ノブの世界」 http://www.niji.or.jp/home/xicczt/
- ●小学校学習指導要領解説 文部科学省 http://www.mext.go.jp/a_menu/shotou/new-cs/1387014.htm
- ●テンプル・グランディン カニングハム久子訳 「自閉症の才能開発」 学習研究社 （1997）
- ●テンプル・グランディン 中尾ゆかり訳 「自閉症感覚」 NHK 出版（2010）
- ●オリバー・サックス 吉田利子訳 「火星の人類学者」 早川書房（1997）
- ●テンプル・グランディン 中尾ゆかり訳 「自閉症感覚」 NHK 出版（2010）
- ●佐々木正美 宮原一郎「自閉症児のための絵で見る構造化—TEACCH ビジュアル図鑑」 学習研究社（2004）
- ●中邑賢龍 「AAC 入門」 こころリソースブック出版会（2001）
- ●森口奈緒美 「変光星」 飛鳥新社（1996）

あとがき ●●●●●●●●●●●●●●●●●●●●●●●●●●●

　内閣府が公表した、最新の「障害者に関する世論調査」の結果からは、障害のある人がまだまだ社会参加できていない現状を見て取ることができます。

　障害のある人を手助けした経験があるかどうかを問う質問では、約4割もの人が「手助けをしたことがない」と答えています。よく、障害のある人を街で見かけるようになったなどと聞きますが、10人のうち約4人が手助けしたことがないと答えているのです。

　そして、調査では、手助けしなかった理由についても聞いています。手助けしなかったと答えた人たちの約8割が、「困っている障害者を見かける機会がなかった」ということをその理由として答えていました。ノーマライゼーションがすすんだおかげで、相手を特に障害者として意識せずに手助けする人が増えたために、このような統計数字になっていると考えられないこともないですが、残念ながらどうもそのようには思えません。

＊

　電動車いすを使っている青年と新宿の駅に向かっていたときのことです。人がとても多かったことを覚えています。50メートルくらい先の方で、白杖を持った人が、駅の前の通路を右へ左へ行ったり来たりしている様子が見えます。同じところを行ったり来たりしているのです。どう考えても道に迷っているとしか思えません。

　青年に「あそこで、白杖を持っている人が行ったり来たりしているけど、どのような人が声をかけるかな」と話しながら近づいて行ったのですが、その間、声をかける人はいません。こんなにたくさんの人が行き来しているのに、誰も声をかけないのです。

　私は青年に「ちょっと待っててくれる？」と声をかけ、白杖を持っ

ている女性のところへ行って「何かお困りですか」と声をかけました。彼女は大学生で、実家のある松本まで帰るためのチケットを買いに来たのだが、人が多くて方向がわからなくなって困っているということでした。

私は肩に手を置いてもらい、新宿バスターミナルのバスチケット売り場まで一緒に行きました。「ありがとうございます」「どういたしまして」と、よくある会話でその場を離れたことを覚えています。

私たちが彼女を見かけてから、近くに移動するまでには結構な時間があったと思います。しかし、多くの人が本当に気づかないのか、見て見ぬふりをしているのか、声をかける人は誰もいない街になっているということなのです。

この気づかないことや、見て見ぬふりをしている現状が優しくない社会を作っているのです。このような人たちが、約4割を占める社会になっているということなのです。

＊

大学の授業の中で、成人式に特別支援学級にいた同級生が来たかどうかを尋ねたことがあります。悲しい話ですが、ほとんどの学生が、同窓会には特別支援学級に在籍していた同級生は来ていなかったと答えました。特別支援学級に在籍していた同級生は、忘れられた存在になっている可能性があるのです。なぜ、このようなことになっているのでしょうか。

このような現状を見ると、障害を社会モデルで考えられるようにする教育ができていないことが、その背景にあると感じます。教師や支援員、場合によっては保護者も「障害」「障壁」になっているのではないかと思うのです。このようなバリアだらけの社会のまま

ではだめだと思うのです。

　パラリンピックがやってきます。これを機に障害理解を進めようという動きがあります。パラリンピアンが学校などに出向いて、出張授業も行われています。少しずつ障害に対する理解は進んでいるのかもしれません。しかし、一方で、出生前の診断の話題もあります。障害のある子どもを妊娠すると、生まれてからのことを考えて、その子が苦労するから産めないと判断する親も多いと思うのです。なぜ、障害があると苦労しなければならないのでしょうか。このままでは生活力が弱いと判断される人がいなくてよいという社会になっていくかもしれません。

*

　私は、2002 年に「知的障害や発達障害のある人とのコミュニケーションのための 10 のアイデア」という本を書きました。そこでも、本書と同じように、障害を社会モデルで考えることと、コミュニケーションは双方向であることを主張しました。少しは特別支援教育や福祉の世界に影響を与えられたのではないかと思います。

　それから 17 年が経ちました。生まれた子どもが高等学校を卒業するくらいの年月が経ったのです。なのに、学校や福祉の現場が大きく変わったとは思えません。社会に合わせることができる子ども、支援者の言うことを聞く、支援する側に都合がいいような人を育てることに力を注ぎ、「周囲の人に受け入れられるような人」を教育や福祉が求めているのではないかと思えるのです。その結果、その枠に入ることができなかった人たちは、特別支援教育や福祉の枠組みの中であるにもかかわらず、厳しい環境にいることを強要されています。

しかし、本当はそうではなく、求めなければならないのは、「お互いに受け入れられるような人」になることではないかと思います。そのためには、「障害のある人を愛することができる支援者、教育者」あるいは「障害の有無にかかわらず、受け入れることができるような社会」を作っていくことに力を注ぐことが先なのではないかと思うのです。

*

人は一人では生きていくことはできないのです。助け合って生きることによってのみ繁栄していくことができる動物なのです。いなくてよい人は一人もいないと思います。多様性があるということは、繁栄の証なのです。これを否定するような社会は、衰退していくでしょう。

何とかならないでしょうか？何とかしないといけないのです。そのような思いで本書を執筆しました。読者の皆さまに少しでも思いが通じれば幸いです。

2019 年 11 月

坂井　聡

著者紹介

坂井 聡（さかい さとし）

香川大学教育学部教授　バリアフリー支援室室長
教育学部附属特別支援学校校長
言語聴覚士　公認心理師
1962年 京都生まれの奈良育ち
1985年 香川大学教育学部卒業
2003年 金沢大学大学院教育学研究科修了
2018年 IAUD 国際デザイン賞 2018 金賞受賞など
　　　 受賞多数
趣味はドライブ。1970年製のスバル FF-1 に乗る。
スポーツはサッカー。大学時代は全国ベスト8。
現在は小学校で子どもたちと走ったり跳んだり、
子どもたちと走って50メートル7秒8、いまだ現役。

知的障害や発達障害のある人との
コミュニケーションのトリセツ

発行日	2019年12月10日	初版第1刷	（3,000部）
	2020年10月27日	第2刷	（1,000部）
	2021年12月28日	第3刷	（1,000部）
	2023年 8月20日	第4刷	（1,000部）

著　　者　坂井 聡
発　　行　エンパワメント研究所
　　　　　〒201-0015　東京都狛江市猪方3 40 28　スペース96内
　　　　　TEL/FAX 03-6892-9600
　　　　　https://bit.ly/2UIqr0v
　　　　　e-mail : qwk01077@nifty.com

編集・制作　池田正孝（池田企画）
デザイン　　タクトデザイン
カバーイラスト　あべまれこ
印　刷　　　シナノ印刷
ISBN978-4-907576-53-0 C3036